내 안의
자신감 길들이기

100 Ways to Boost Your Self-Confidence ⓒ 2010 Barton Goldsmith, Ph.D.
Original English language edition published by Career Press, 220 West Parkway, Unit 12, Pompton Plains, NJ 07444, USA.
All rights reserved.
Korean translation edition ⓒ UI Books, an imprint of Iljinsa Publishing Co.

이 책의 한국어판 저작권은 Career Press와 독점 계약한 유아이북스에 있습니다.
저작권법에 의해 한국 내에서 보호를 받는 저작물이므로 무단 전재와 무단 복제를 금합니다.

마음의 힘을
키우는 100가지 기술

내 안의
자신감
길들이기

바튼 골드스미스 지음
김동규 옮김

유아이북스

마음의 힘을 키우는 100가지 기술
내 안의 자신감 길들이기

2판 1쇄 발행 2014년 5월 25일
2판 2쇄 발행 2014년 8월 5일

지은이 바튼 골드스미스
옮긴이 김동규
펴낸이 이윤규

펴낸곳 유아이북스

출판등록 2012년 4월 2일
주소 서울시 용산구 효창원로 64길 6
전화 (02) 704-2521
팩스 (02) 715-3536

ISBN 978-89-98156-20-6 13180
CIP제어번호 CIP2014014665

값 13,800원

* 이 책은 〈베스트 컨피던스〉의 전면개정판입니다.
* 이 책은 저작권법에 따라 보호받는 저작물이므로 무단전재와 복제를 금지하며,
  이 책 내용의 일부를 이용할 때도 반드시 지은이와 본 출판사의 서면동의를 받아야 합니다.
* 잘못된 책은 구입하신 곳에서 바꾸어 드립니다.

머리말

자신을 믿어라
그래야 다른 사람도
당신을 믿는다

인간은 꿈을 꿀 때마다 성장한다. 이 때 떠오르는 아이디어, 혹은 당신의 잡념까지도 자신감을 얻는 데 도움이 될 수 있다.

한 연구결과에 따르면 인간이 동시에 생각할 수 있는 일은 다섯 가지에서 아홉 가지 사이라고 한다. 때문에 자신감을 북돋아주는 좋은 생각과 그렇지 않은 것을 시시각각 구분해 파악하는 일은 쉽지 않다. 자신감을 높이는 데 있어 특별한 요령이 필요한 이유가 여기 있다.

자신감을 강화하기 위한 첫 단계는 자신감이 내면에 항상 존재한다는 사실부터 깨닫는 것이다. 겉으론 안 보이게 숨어있었을 수는 있겠지만 말이다.

다음 단계는 그 자신감을 유지하고 집중하는 것이다. 이를 위해선 진정으로 자신감을 강화하는 방법을 배워야한다.

확신 없이 살거나 역경 속에 있는 사람들은 자신감을 느낄 수 있다는 사실조차 믿기 힘든 일일지 모른다. 그렇다면 따로 성찰의 시간을 내서 자기 내면 어딘가에 자신감이 조금이나마 남아있음을 조용히 직시하라. 그래야 다음 단계가 가능하다.

우선 자기 인생에서 즐거웠던 시절을 한번 떠올려보는 것이다. 일단 한번 해본 일은 다시 할 수 있다. 그래서 과거의 성공을 떠올리고 그와 관련된 긍정적 감정을 느껴보는 것은 스스로 자신감을 북돋우는 능력에 큰 도움이 된다.

성공과 자부심, 확신의 작은 기억 조각들은 씨앗과 비슷하다. 심고, 햇빛과 물을 주면 스스로에 대해, 그리고 자신이 한 일에 대해 좀 더 자부심을 높일 수 있다.

역기를 들거나 운동화를 신지는 않았지만, 과거 성공 기억을 떠올리는 것은 감정을 위한 훌륭한 운동이다. 이를 실행하는 데 있어 모두들 처음에는 주저한다. 익숙하지 않은 행동을 하면 우리는 어색하고 불안하다. 그러나 불편함을 무릅쓰고 나면 당신의 결단에 감사할 것이다.

당신에게 스스로를 믿을 힘이 있다는 현실과 마주하게 되면, 삶이 보다 쉽고, 더욱 재미있어진다.

자신감을 가진다는 것은 세상을 모두 차지할 수 있다는 의미가 아니다. 가능한 한 당신의 세계를 즐긴다는 뜻이다. 그것은 그리 대단한 것도 아니며, 당신의 가슴과 영혼 속에 분명히 내재하는 것이다. 조금만 시간을 내 살펴보라. 자신에 대해 커다란 기쁨을 느낄 것이다.

바톤 골드스미스 Barton Goldsmith

차례

머리말 자신을 믿어라 그래야 다른 사람도 당신을 믿는다 _5

1장
로마는 하루아침에 이루어지지 않았다
해답을 가진 사람은 없다 12 • 부정적 사고는 자신감을 죽인다 17 • 정신적인 연습 20 • 걱정하지 않는 것은 불가능하다 22 • 스스로를 인내하라 25 • 미리 준비하라 28 • 직장에서의 감정운동 31 • 치유하는 글쓰기 33 • 멘토를 찾아라 36 • 자신을 돌보라 39

 '하늘의 퍼스트레이디' 아멜리아 에어하트 42

2장
당신은 필요한 것의 99퍼센트를 지녔다
어머니가 가르쳐주는 것들 44 • 새로운 아이디어에 마음을 열어라 48 • 상처를 주는 말 50 • 기초를 튼튼히 하라 53 • 지능은 다양하다 55 • 스스로를 믿어라 57 • 자전거 타기 59 • 필요인가, 욕망인가 62 • 진정한 용기 64 • 학력을 무시하지 말라 67

 자세는 마음도 바꾼다 70

3장

베풀면 자아의식이 강화된다

불가능에 도전하라 72 • 고독은 해로운 것이다 75 • 착하게 살아라 78 • 사람은 발전한다 81 • 긍정적 사고의 힘 84 • 미루는 습관 87 • 반응하지 말고 대응하라 90 • 유머가 가진 치유력 93 • 장미꽃 향기를 맡으라, 지금 당장! 96 • 불안감을 돌파하라 99

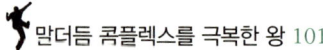 말더듬 콤플렉스를 극복한 왕 101

4장

세상일이란 나빠질 때도, 좋아질 때도 있다

주변을 정돈하고 마음을 바로 잡아라 104 • 숨어있던 끼를 발산하라 106 • 고치고 느껴라 109 • 선명하게 상상하라 111 • 자신감 일기를 써라 113 • 세상은 내 편이다 115 • 생각을 감시하라 118 • 강력한 후원 그룹을 구축하라 123 • 사랑을 경험하라 124 • 신체를 단련하라 127

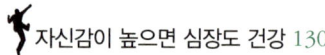 자신감이 높으면 심장도 건강 130

5장

뛰어난 사람을 만나는 일은 생각보다 쉽다

직감을 믿어라 132 • 작은 승리를 자축하라 135 • 자신감 그룹 138 • 두려움을 받아들이라 140 • 언성을 높이지 말라 143 • 행복의 비밀 146 • 힘들수록 베풀어라 149 • 성공한 사람에게 배워라 152 • 못된 인간 다루기 155 • 당장 자신감을 얻는 10가지 방법 158

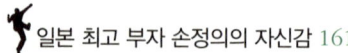 일본 최고 부자 손정의의 자신감 161

6장

실수는 배움의 기회다

문제 파악의 힘 164 • 경쟁에서 부러움으로 166 • 창의적 자신감 169 • 곤란한 대화를 풀어가는 법 172 • 당장 좋아하는 일을 시도하라 176 • 비판하지 말라 179 • 격려하라 182 • 당신도 저글링을 할 수 있다 184 • 내적 강점과 허세 187 • 깨달음은 위대한 스승들의 전유물이 아니다 190

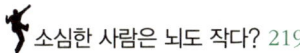 소심한 사람은 뇌도 작다? 219

7장

역경은 우리를 더 강하게 만든다

자신을 사랑하라 194 • 있는 그대로를 감사하라 197 • 기운을 내라 200 • 자기를 버리면 자부심을 얻는다 202 • 자신을 신뢰하라 204 • 감정을 적절히 드러내라 206 • 나비효과 209 • 동기를 찾아라, 그리고 지켜라 211 • 감사를 표현하라 214 • 인정은 돈보다 강하다 217

 오프라 윈프리의 자신감은 독서에서 나왔다 219

8장

옳은 결정만 내리는 사람은 아무도 없다

당신은 멋지다 222 • 용서는 자신감을 낳는다 224 • 월요병 탈출법 226 • 지나친 행동은 용납하지 말라 229 • 대안을 마련하라 231 • 연습, 또 연습 234 • 욕망의 노예가 되지 말라 236 • 품위 있는 일류가 되라 239 • 다시 생각해보기 241 • 친구를 가족처럼 여기라 244

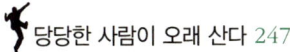 당당한 사람이 오래 산다 247

9장

숨길 것이 없는 게 진정한 자신감이다

당신의 능력을 인정하라 250 • 중요한 것은 결단이다 252 • 거짓말하지 말라 255 • 고결한 태도 259 • 작지만 밝은 빛 262 • 실망에 대처하는 법 265 • 완벽은 나중에 생각하라 268 • 나이는 숫자에 불과하다 270 • 가식을 버려라 273 • 학력과 공부는 별개다 275

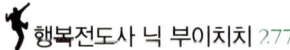 행복전도사 닉 부이치치 277

10장

용감한 사람은
무작정 전쟁터에 뛰어들지 않는다

다른 사람의 장점을 보라 280 • 이미 성공한 사람처럼 행동하라 285 • 사고방식을 전환하라 287 • 성취를 위한 의식 290 • 감정은 사실이 아니다 293 • 위험을 감수한다 296 • 인생을 크게 바라보라 298 • 동물을 사랑해보라 300 • 남녀 간의 차이를 이해하라 303 • 자신감을 지키는 10가지 응급처방 306

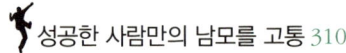 성공한 사람만의 남모를 고통 310

저자 소개 _312

1

로마는 하루아침에 이루어지지 않았다

첫 시도에서 목표를 이루지 못했다고 해서 그것을 실패라고 생각하지 말라. 당신은 그것을 통해 뭔가를 분명히 배웠으며, 다음번에는 더 잘 할 수 있다. 자신감을 키우는 방법은 무슨 일이 일어나더라도 당신이 그 경험을 통해 성장하리라는 사실을 믿는 것이다.

해답을 가진 사람은 없다

어떤 사람도 모든 해답을 알 수는 없다.
― 피터 찰스 골드스미스 Peter Charles Goldsmith ―

나에게 처음으로 자신감의 중요성에 대해 가르쳐준 사람은 아버지였다. 그는 "자신이(혹은 내가) 모든 것을 알 수는 없다"고 항상 강조했다. 아버지는 최선의 결정을 내리기 위해서는 주변 사람들의 말을 들어야한다고 믿었다. 조언을 구할 좋은 사람들이 곁에 있다면 자신감이 생길 수밖에 없다. 이를 명심해 나는 내가 좋아하는 작가 몇몇에게 그들 아버지로부터 무엇을 배웠는지 물어보기로 했다. 다음은 그들이 내게 말해준 내용이다.

• "아버지는 내게 약속을 지키는 사람이 되라고 가르쳤다. 그리고 당신이 먼저 모범이 되는 삶을 살았다. 비록 내가 자라는 동안 갈등을 빚은 적도 많았지만, 아버지를 인정하지 않을 수 없었다. 언제나 스스로 한 약속을 철저히 지켰기 때문이다. 그 분은 이렇게 말하곤 했다. '지킬 생각이 없는 약속은 하지 마라.', '사나이의 약속은 계약서와 같다.'"

— 스티븐 트뤼도 Stephen Trudeau, 방송 진행자

• "아버지는 세상을 뜨기 전에 자신을 돌봐주는 사람에게 나의 첫 번째 책, 〈제2의 시각 Second Sight〉을 읽어 달라고 부탁했다. 아버지가 마지막 순간에 그 책을 듣고 싶어 했다는 사실은 나에게 큰 감동이자, 부녀간의 사랑의 정수를 가르쳐준 사건이었다. 나는 아직도 삶 속에서 그 분의 사랑을 느낀다."

— 주디스 올로프 Judith Orloff, 의학박사, 〈감정의 자유 Emotional Freedom〉의 저자

• "할아버지는 아버지가 12세 되던 해에 결핵으로 돌아가셨다. 그 분이 남긴 유산도 없을 뿐더러 생명보험에 들지도 않아 할머니와 여섯 명의 자녀는 매우 곤란한 처지에 놓였다. 오랜 세월이 흐른 후 아버지는 이렇게 말했다. '내가 열두 살 되던 해에 아버지가 돌아가신 사건은 어떤 면에서 꼭 나쁜 일은 아니었지.' 나는 어째서 그렇게 말씀하시는지 여쭸다. 그러자 그는 이렇게 대답했다. '그 일은 내게 인

생에 중요한 것이 무엇인지 그리고 돈이란 사람들이 더 쉽게 살아 갈 수 있게 돕는 것이라는 사실을 가르쳐줬단다.'"
― 버니 시겔Bernie Siegel, 의학박사, 《내 생애 가장 소중한 시간Faith, Hope & Healing》의 저자

- "아버지는 나에게 헌신의 가치를 가르쳤다. 그 분은 자신의 직업과, 신앙, 그리고 아내, 즉 나의 어머니에게 헌신했다. 스스로 이런 일을 자랑하지는 않았다. 대신 직접 몸소 실천했다. 그의 삶은 내 인생에 큰 영향을 미쳤다. 나는 헌신이란 삶을 한 데 묶는 접착제와 같으며, 힘든 시절일수록 더욱 그렇다는 사실을 믿는다."
― 게리 D. 채프먼Gary D. Chapman, 《다섯 가지 사랑의 언어The Five Love Languages》의 저자

- "아버지는 내 인생의 본보기였다. 그 분은 내게 관용과 공감, 그리고 인내를 가르쳤고, 무엇보다 모든 상황에 최선을 다하라고 강조했다. 그렇게 내가 이 복잡한 세상을 살아가도록 준비시켰다. 그분에게 큰 빚을 진 셈이다."
― 수전 샤피로 바라시Susan Shapiro Barash, 《두 번째 아내들Second Wives》의 저자

- "내가 아버지에게 배운 교훈은 '솔직히 말하자면'이라고 말을 시작하는 사람은 절대 믿지 말라는 것과, 아버지가 자녀들에게 줄 수 있

는 가장 큰 선물은 엄마를 사랑하는 것이라는 가르침이었다."
— 앨런 J. 해밀턴 Allan J. Hamilton, 의학박사, 〈메스와 영혼 The Scalpel and the Soul〉의 저자

- "아버지가 남겨준 가장 소중한 유산은 사랑이 세상에 대한 봉사를 포함한다는 것과, 오직 성공을 위해 윤리나 진실성을 양보할 필요는 없다는 사실을 직접 보여주신 점이다."
— 데이비드 그루더 David Gruder 박사, 〈새로운 IQ The New IQ〉의 저자

- "아버지는 나의 모든 것을 다른 사람들에게 내어줄 각오가 돼 있어야 한다는 가르침을 줬다. 직접 모범도 보였다. 어느 날 아버지가 지붕 위에 올라 지붕널을 고치고 있었는데 이웃집에 불이 났다. 아버지는 지붕에서 뛰어내려 그 이웃을 안고 바닥에 뒹굴며 몸에 붙은 불을 껐다!"
— 다이애나 커쉬너 Diana Kirschner, 〈90일간의 사랑 Love in 90 Days〉의 저자

- "아버지는 의사결정을 내리는 것과 그것을 지키는 일의 중요성을 내게 가르쳤다. 그는 또한 정기적으로 그 결정을 재평가하고 방향을 수정할 용기를 발휘해야 한다고도 가르쳤다. 망설임이 결정을 대신하게 놔두지 말라."
— 피터 월시 Peter Walsh, 〈뒤죽박죽 내 인생 정리의 기술 It's All too Much〉의 저자

우리는 아버지들로부터 배울 것이 아직도 많다. 비록 지금은 아버지가 하는 말이 고리타분하다고 느껴질지도 모르지만 언젠가 그 말의 진심을 알게 될 것이다.

오늘부터 아버지와 보내는 시간을 늘려보라. 가족이야 말로 당신을 믿고 응원해 주는 든든한 후원자다.

부정적 사고는 자신감을 죽인다

나는 언제나 외부에서 힘과 확신을 갈구했지만, 그것은 내면에서 나왔다.
그것은 언제나 그곳에 있었다.
— 안나 프로이드 Anna Freud —

사람들이 서로를 가혹하게 대하거나 학대하는 부정적 환경. 그로 인한 결과는 치명적이다. 당신이나 다른 사람들의 고통을 덜어주려는 이는 아무도 없으며, 그 누구도 감정적, 육체적 안락을 찾을 수 없다. 그런 환경 속에서는 자존감은 낮아지고 삶의 의지마저 잃어버릴 수도 있다.

이따금 찾아오는 나쁜 날이나 순간을 말하는 게 아니다. 당신을 의기소침하게 만드는 환경에서 살아가거나 일하는 것을 뜻한다. 누군가가 곁에서 당신이 별 볼일 없는 사람이라고 끊임없이 말해댄다면 얼마 안 가 당신은 그 말을 믿게 된다.

일상에서 누군가가 계속해서 자신이 형편없다고 말할 때 이를 그대로 믿는 동물은 이 세상에서 단 두 종류뿐인 듯하다. 바로 개와 사람이다. 우리는 기가 꺾여버린 개가 어떤 모습인지 본 적이 있다. 꼬리를 다리 사이에 말아 넣고 고개를 푹 숙이며 걷는 그 모습을 말이다. 이 때는 별것 아닌 일에도 깜짝깜짝 놀라며 겁에 질려 공격적인 반응을 보인다. 이 불쌍한 녀석은 결코 안전하거나 편안해보이지 않는다. 꼬리를 흔드는 법을 잊어버린 그 모습은 보기에도 안쓰럽다.

자신을 계속해서 깎아내리는 사람과 함께 지내거나, 위압적인 기업 문화 속에서 일하는 사람의 행동도 이와 비슷하다. 이런 환경에서 즐거움이라고는 찾아볼 수 없다. 그들은 한마디로 기력이 바닥나 있기 때문이다.

이럴 때는 한 발 뒤로 물러나 상황을 객관적으로 바라봐야 한다. 상담을 해도 별 효과가 없거나 그럴 기회마저 주어지지 않는다면, 어쩌면 그곳을 떠나는 것만이 최선의 방책일지도 모른다. 극단적인 선택일지도 모르지만, 떠나는 것이 두려워 부정적인 환경이나 관계를 지속하는 것은 바람직한 일이 아니다. 이는 학대받는 여성들이 자신을 학대하는 사람이 있는 집으로 계속해서 돌아가는 경우를 일컫는 '피학대자증후군'에 해당된다. 그들은 자신이 알고 있는 그 악마 같은 존재가 그나마 모르는 악마보다는 낫다고 생각하기에 그렇게 행동한다. 자신이 익숙한 환경으로 계속해서 회귀하는 것이다.

비굴함 속에서는 자신감이 생겨날 수 없다. 자신을 되찾고, 빼앗겨버린 것을 차근차근 쌓아가기 위해서는 나쁜 환경을 떠나는 게 해답이다. 이를 위해서는 내적인 힘이 필요하다. 다른 사람이 뭐라고 말하든 자신을 믿고, 자신이 형편없이 취급당할 존재가 아니라는 것을 아는 힘 말이다. 당신은 참을 만큼 참았기에 마지막 남은 티끌 같은 자존감이나마 건져내야한다. 부정적 자극과 불쾌한 행동이 만연한 곳에서는 당신은 결코 발전할 수 없다.

결단을 실행한 후 사람들이 첫 번째로 보이는 반응은 '왜 진작 결단을 내리지 못했을까?'하고 자책하는 것이다. 그럴 필요까지는 없다. 단지 행동을 결단할 때까지 그만한 시간이 필요했던 것뿐이다. 이제는 더 이상 자신을 학대하느라 시간을 낭비하지 말아야한다. 과거를 잊고, 구습을 버려라. 당신은 자신의 인생을 변화시킬 힘을 가지고 있었다는 사실을 인정하라.

정신적인 연습

보라, 그러면 믿을 것이다.
— 월트 디즈니 Walt Disney —

경기에서 이기거나, 승진을 하거나, 자신의 분야에서 성공한 사람들은 누구나 오랜 연습 시간을 거쳤다. 거기에는 신체적 연습과 정신적 연습이 모두 포함된다. 연습할 일이 있는 한, 연습 방법은 여러 가지가 있다.

당신이 동의할지 모르겠지만 연습할 시간은 항상 존재한다. 정신적 연습 또한 매우 중요하다. 이것의 장점은 아침식사를 하거나 현장으로 자동차를 몰고 가는 도중에도 할 수 있다는 것이다. 당신에게 효과가 있는 방법이 다른 사람에게는 그렇지 않을 수도 있지만, 한 분야에서 꾸준히 개선을 추구한다면 누구에게나 그 효과를 발휘한다.

실행에도 연습은 필요하다. 어떤 일이든 더 나아지기 원하는 일을 하는 것이 연습이다. 연습으로 인한 상황 개선은 그것이 어떤 것이든 당신이 다음 혹은 그 다음 일을 하는 데 필요한 자신감을 준다. 당신은 매번 조금씩 다른 뭔가를 아마도 더 크게, 혹은 더 복잡한 형태로 연습할 것이다. 그 모든 고된 노력을 통해 얻은 자신감은 계속해서 도움이 된다. 그토록 열심히 연습한 덕분에, 예를 들어, 순간적으로 떠오른 생각으로 연설을 할 수 있게 됐다고 생각할 때, 당신은 보람을 느낄 것이다.

자기 확신을 가질 수 있다는 것 자체만으로 대단한 일이 아닐까? 연습에 충분한 시간을 투자한 사람만이 기회가 왔을 때 자신감 있게 무대로 올라갈 수 있다.

나는 정신적 연습의 힘을 굳게 믿는다. 우주비행사나 올림픽 운동선수들은 규칙적으로 연습한다. 뛰어난 성과를 올린 사람들과 성공적인 예술가들 역시 대부분 어떤 형태로든 정신적 연습을 활용한다. 어떤 이는 그것을 시각화, 또는 의학용어를 써서 임상유도형상화 clinical guided imagery라고 부르기도 한다. 명칭이야 어떻든 정신적인 연습으로 자신의 재능을 더욱 갈고 닦는 사람들은 탁월함을 이뤄낼 가장 훌륭한 기회를 스스로에게 주는 것이다.

정신적, 육체적, 감정적 연습이 합해져야만 최고 수준의 경쟁을 펼칠 자신감을 얻을 수 있다. 자, 이제 시작하라.

걱정하지 않는 것은 불가능하다

할 수 있다는 믿음만 있다면, 반드시 할 수 있는 능력을 갖출 것이다.
비록 처음에는 그런 능력이 없었더라도 말이다.
— 마하트마 간디 Mahatma Gandhi —

많은 이들이 걱정을 하지 않고 살아야한다고 생각한다. 그렇지 않다. 걱정은 인간 조건의 일부분이다. 우리는 모두 매일 어떤 형태로든 그것을 경험한다. 또한 걱정은 유익한 것이기도 하다.

우리는 힘들고 고통스러운 경험에 맞닥뜨려 이길 때마다 성장한다. 우리에게 두려움을 안겨주었던 대상은 그것을 극복한 후 우리의 성장과 자신감에 기여한다.

내 말을 오해하지 말라. 나 역시 걱정 없이 살고 싶다. 그러나 세상에 걱정 없는 사람이 어디 있겠는가?

걱정은 몇 가지 점에서 우리를 안전하게 지켜준다. 우리는 절벽 가까이 발을 내딛지 않고, 사자 입 속에 손을 함부로 집어넣지 않는다(물론 비유로 하는 말이다). 그렇게 하면 다칠 수 있다는 걱정 때문이다.

이보다 소극적인 방식으로 도움될 때도 있다. 뭔가 제대로 되지 않을 때 이를 알아차려 적절한 조치를 취할 수 있게 한다는 점에서 그렇다. 작은 생각이라도 머리 한쪽에서 자꾸만 계속된다면 당신의 주의를 이끄는 걱정과 직관이 복합적으로 작용하는 것이다. 당신이 안전한지, 제대로 나아가고 있는지 확인할 수 있게 해준다.

중요한 것은 걱정을 긍정적인 방향으로 활용하는 법을 배우는 일이다. 그러기 위해서는 가장 먼저 걱정스러운 순간이 당신에게 무엇을 제공해주는가를 생각해봐야 한다. 어쩌면 당신에게 부과된 과제가 옳지 않은 것이거나, 너무 과분한 것이라는 사실을 알려주는 신호일지도 모른다. 그래서 무조건 저지르기 전에 당신의 감정부터 확인해보는 게 현명하다.

또 하나 명심해야할 점은, 흥분과 걱정이 우리 몸에 똑같은 효과를 발휘한다는 사실이다. 실제로 사람들이 흥분과 두려움을 동시에 느끼는 것은 매우 흔한 일이다. 놀이공원에서 롤러코스터를 탈 때(또는 첫 데이트에서) 그런 기분을 느낄 수 있는데, 이럴 경우 이것은 아주 정상적인 현상이며 대개는 재미있는 경험이다.

범불안장애Generalized Anxiety Disorder, 혹은 공황 발작으로 고생하는 사람들도 있지만, 이것은 완전히 다른 이야기다. 우리는 대개 정기적으로 수행하는 정상적인 일상 활동에 대해서는 걱정하지 않는다. 그런데도 일상의 무엇인가가 걱정되고, 그것도 6개월 이상씩 지속된다면 병원을 찾아 정확한 진단을 받고 치료를 할 필요는 있다.

걱정은 당신을 마음속까지 뒤흔들어 놓을 수도 있다. 그렇게 되면 자신감은 사라지고, 의사소통 능력에도 지장이 온다. 결국 두려움에 압도된다. 걱정을 최대한 피하고, 통제하며, 적절히 처리하는 법은 당신의 인생 전체에 큰 도움을 줄 수 있는 기술이다.

걱정이 닥쳐왔을 때, 과거에 비슷한 사건을 해결했던 경험을 떠올리고 이번 일 역시 해결할 수 있다고 생각하면 도움이 된다. 자리에 앉아(운전 중이라면 차를 길가에 세우고), 크게 숨을 들이쉰 다음 상황을 찬찬히 생각해 보라. 당신이 찾는 해답이 이미 머릿속에 있을 수도 있다. 일단 침착하게 마음을 먹으면 그 해답을 훨씬 더 분명히 깨달을 수 있다.

스스로를 인내하라

자신감을 가진 사람은 인내할 줄 안다. 자신감이야말로 모든 것이다.
― 일리 나스타세 Ilie Nastase ―

첫 시도에서 목표를 이루지 못했다고 해서 그것을 실패라고 생각하지 말라. 당신은 그것을 통해 뭔가를 분명히 배웠으며, 다음번에는 더 잘 할 수 있다. 자신감을 키우는 방법은 무슨 일이 일어나더라도 당신이 그 경험을 통해 성장하리라는 사실을 믿는 것이다.

짜증을 내고 좌절에 빠지는 일은 쉽다. 그러나 토머스 에디슨이 수천 번의 실패 후에 전깃불을 발명하는 일을 포기했더라면 세상이 어떻게 됐을지 한 번 상상해보기 바란다. 그는 수많은 아이디어를 하나하나 실행에 옮기는 인내를 보였다. 수많은 시도를 했지만 아무 성과도 없었던 상황에 대해 그는 이렇게 대답했다고 한다.

"나는 만 번을 실패한 게 아닙니다. 효과가 없는 방법을 만 가지 찾아낸 것뿐이지요."

그렇다. 그는 인내심도 높았지만 누구보다 끈질겼다. 인내와 끈기는 언제나 함께 한다. 그 중에서 인내는 당신이 해결책을 가지고 있다는 믿음, 또는 당신이 그것을 찾아낼 충분한 능력이 있다고 생각하는 태도로부터 나온다. 그것이 바로 자신감의 본질이다.

자신감이란 그저 팔짱을 끼고 앉아 무슨 일이든 벌어지겠지 하고 기다린다고 생기는 게 아니다. 이는 당신이 가진 모든 것을 벽에 던져 뭔가가 달라붙기를 기다리는 행동과 같다. 진정으로 자신감을 갖췄다면 우연을 기대하기보단 차분하게 행동에 나선다. 많은 사람들에게 이 부분은 쉽지 않다. 위대한 혁신가들조차 자기 아이디어를 실행에 옮길 때 조바심을 내는 경우가 있다.

스스로에게 자꾸 조바심을 내면, 당신을 보호해줄 사람은 아무도 없다. 우리가 스스로 부과한 '마감시한'은 '권장시한'으로 수정해야 한다. 만약 마감시한을 놓치면 당신은 무의식 중에 불안해진다. 당신 뇌의 일부가 그 일이 완수되지 않으면 마치 죽을 것 같다고 느끼기 때문이다. 당신의 두뇌는 당신이 뭔가를 잃을지도 모른다는 메시지를 전달해 당신을 공황상태에 빠뜨린다.

인내를 연습하는 것은 스스로 서두르지 않도록 통제하는 방식으로 가능하다. 가까운 사람들을 대하는 방식을 자성해봐도 된다. 당신이 그들에게 인내심을 발휘하지 못한다면 당신 자신에게도 그럴 가능성이 높다. 그것은 바로 자신감의 부족을 보여주는 증거다.

일을 하는데 장애물이 나타나거나 계획보다 더 많은 시간이 걸릴 때, 자신을 과감히 그 흐름에 맡길 줄 알아야한다. 이전보다 더욱 열심히 일하면서 좀 더 참는 법을 배우라. 자신이 조바심을 내기 시작했다고 느낀다면, 로마는 하루아침에 이루어지지 않았다는 사실을 떠올리며 인내심을 키워야 한다.

인내란 하나의 덕목이기도 하지만, 동시에 자신감 있는 인생을 성취하고 그것을 살아가기 위한 필수요소이기도 하다.

미리 준비하라

가장 어려운 일은 행동하기로 결단하는 것이다. 나머지는 끈기만 있으면 된다.
두려움이란 종이호랑이에 불과하다. 일단 결단을 내린 후에는 무슨 일이든 해낼 수 있다.
자신의 삶을 바꾸고 통제하기 위해 행동에 나선다면, 과정과 절차는 저절로 따라오게 마련이다.
— 아멜리아 에어하트 Amelia Earhart —

모른다면 확신을 가질 수 없다. 끊임없이 교육 받고, 배우고, 연구하라. 또한, 항상 읽어라. 발표를 하든, 데이트를 하든, 미리 준비하면 당신의 능력을 자신만만하게 뽐낼 수 있다. 예상치 못한 사태도 보다 쉽게 대비할 수 있다.

물론 모든 일에 끊임없이 대비할 수는 없을 것이다. 그러나 준비하는 습관을 들인다는 것은 나중에 사용할 수 있는 감정적 기본요소를 든든하게 쌓아두는 것과 같다. 부디 이 말만은 믿어라. 노력은 결코 헛되지 않는다. 오늘 준비하는 노력은 비록 내일 쓰이지 않을지라도 장차 꼭 필요한 데가 나타나는 법이다.

감정적 준비는 정신적, 육체적 준비와 마찬가지로 중요하다. 여러 방법 중에 특히 앞으로 하게 될 일을 시각화하는 것(마음의 눈으로 상상하는 것)이 가장 좋다는 사실을 발견했다. 만약 시험을 앞두고 있다면, 합격하는 장면을 상상하라. 연설을 해야 하는 상황이라면 청중이 고개를 끄덕이고 박수를 보내는 광경(또는 당신의 농담에 웃음을 터뜨리는 장면)을 연상하라.

정신적 준비를 갖추기 위해서는 공부를 하거나 학습 능력을 배양해야 한다. 미국엔 설명서를 읽기 싫어하는 사람들에 관한 오랜 농담이 있지만, 그것은 기술 혁명 이전 시대의 얘기다. 오늘날에는 전혀 통하지 않는다. 새로 나온 비디오게임을 즐기기 위해서라도 최소한 매뉴얼 정도는 읽어야 할 정도로 세상은 복잡해졌다.

어떤 프로젝트를 시작하기에 앞서 체크리스트를 종이에, 또는 머릿속에서라도 작성하는 등 상식적인 준비만해도 더욱 자신 있게 일에 임할 수 있다. 혹시 빠뜨린 것은 없는지 따져보는 데에도 도움이 된다.

외식이나 영화 보는 일에까지 체크리스트를 작성하는 것은 다소 지나친 것 같지만, 장보기처럼 간단한 일에서도 큰 효과를 발휘한다. 필자로서는 할일 목록을 작성하지 않고 어떻게 세상을 살아갈 수 있는지 모르겠다. 체크리스트는 일을 제대로 처리하고 이를 유지하는 데 있어 사실상 가장 훌륭한 도구가 아닐까 생각된다.

필요하다면 안전수칙을 마련하는 것도 또 하나의 훌륭한 준비 방법이다. 알프스 산맥의 마터호른 봉을 등정하기 위해 세심하게 장비를 구성할 때에는 마음 속으로 그 장비를 사용해 연습을 한다. 골프공을 칠 때 혹시 빅버사 드라이버를 휘둘러 상사를 강타하지나 않을지 주변을 미리 살펴보는 것도, 모두의 걱정을 최소한으로 줄여 멋진 샷을 날리기 위한 준비 과정인 것이다.

    준비는 당신의 친구이며, 생각처럼 그렇게 괴로운 일도 아니다. 또한 큰 자신감을 얻기 위한 필수요소다.

직장에서의 감정 운동

자신감은 전염된다. 그것이 부족해지는 것도 마찬가지다.
그래서 고객은 어느 쪽이든 금방 알아챈다.
— 빈센트 롬바르디 Vincent Lombardi —

직장에서 자신감 훈련은 꼭 필요하다. 거기에는 사람들이 자신의 감정을 이해하도록 돕는 프로그램이 반드시 포함돼야 한다. 흔히 알려진 바와 달리, 감정적인 사람들이야말로 열정적인 사람들이다. 그들은 종종 변화를 창조하며 혁신을 주도한다. 그들의 열정은 끈기를 낳으며, 그들이 일하는 직장에 건강한 분위기와 생산성이라는 명약을 제공한다.

물론 많은 기업 소유주와 경영진 입장에선 감정이란 나쁜 것이다. 경영자들은 모든 업무프로세스가 공정하고, 냉정하며, 객관적이기를 바란다. 그러면서도 직원들이 업무에 있어 동기 부여되고 열정적이기를 원한다. 열정을 쏟게 하기 위해 수많은 시간과 엄청난 금액을 쏟아 붓는다.

그러나 열정이라는 것 자체가 건강한 감정의 한 형태다. 그러므로 직장에서 감정을 억제하는 조치를 취한다는 것은, 설사 그럴 수 있다 하더라도 자멸로 가는 길이다. 효과적인 방법은 사람들이 소리를 지르기보다는 자신의 감정에 자신감을 가지고 설득력 있게 표현할 수 있도록 돕는 것이다.

기업들이 직면한 도전은 직원들의 자신감을 키워 기업이 쉽게 무너지는 일을 막는 것이다. 부정적인 감정은 직원들의 실망스러운 성과에만 그치지 않는다. 비난과 인신공격, 그리고 결국에는 경영진이 제시하는 목표를 거부하는 사태 등을 초래할 수 있다. 기업이 부정적이며 치유되지 못한 감정에 대해 고심하지 않는다면 좋은 직원은 물론이고 좋은 고객과 의뢰처를 잃게 될지도 모른다. 그런 회사는 하락세에 빠져 결코 회복할 수 없게 된다.

좋든 싫든 오늘날의 경영자들은 직원들의 심리를 상담하는 데 거의 시간의 절반을 바치고 있다. 그들이 훌륭한 상담자가 돼 팀원들이 자신과 회사에 대해 믿음을 가질 수 있도록 돕는 일은 결정적으로 중요하다.

치유하는 글쓰기

> 자기계발의 경험 속에서 가장 위대한 순간 중 하나는 스스로 외면하지 않고
> 자신을 있는 그대로 받아들이기로 결심하는 순간이다.
> – 노먼 빈센트 필 Norman Vincent Peale –

나는 라일 로벳 Lyle Lovett의 공연을 즐겨 본다. 그는 자신감이 넘치는 사람으로 내가 좋아하는 음악가이기도 하다. 나는 줄리아 로버츠 Julia Roberts의 팬이 되기 전부터 그의 팬이었다. (라일 로벳은 한 때 줄리아 로버츠의 남편이었다 - 편집자 주) 그의 창의력을 진정으로 존경했다. 어떤 콘서트에서 그는 수십 년간 활동해온 예술가들이 으레 그렇듯이 재밌는 에피소드가 많다. 그의 유머감각은 배꼽을 잡을 정도였으니, 나로서는 그의 음악 못지않게 입담까지 좋아할 수밖에 없었다.

어느 날 나는 그가 청중에게 건넸던 한마디에 신선한 충격을 받았다. "글 쓰는 사람이라면 누구에게나, 글쓰기는 치유의 수단입니다. 누가

뭐라고 해도 말이지요."

나로서도 결코 부인할 수 없는 말이었다. 전적으로 동의한다. 다른 많은 사람들도 그렇게 생각한다.

글쓰기는 치유와 자신감을 위한 훌륭한 도구다. 온갖 감정(좋은 것이든 나쁜 것이든, 심지어 무관심한 감정까지도)을 발산할 수 있을 뿐 아니라 마음의 무거운 짐을 벗어버릴 수도 있다. 책이나 일기, 칼럼을 쓰거나 심지어 음악을 작곡하든, 당신의 생각을 종이 위에 써내려가는 과정은 놀라운 표출의 경험이자 자신의 성장을 지켜보는 방법이기도 하다.

글쓰기는 카타르시스를 경험하는 과정이 될 수 있다. 글을 쓰면서 울기도 하기 때문이다. 우리 모두는 때때로 잘 울 수 있어야한다. 눈물 못지않게 폭소 또한 감정의 표출에 포함될 수 있으며, 그것 역시 깊은 치유력을 가진다.

〈사랑할 때 버려야할 아까운 것들 Something's Gotta Give〉이라는 영화에는 성공한 작가 다이앤 키튼 Diane Keaton이 그녀와 잭 니콜슨 Jack Nicholson과의 관계를 그린 희곡을 쓰는 장면이 나온다. 그 희곡을 마무리하는 부분에서 그녀는 타자를 치는 도중 눈물을 흘리다가 무언가를 떠올리며 다시 크게 웃기도 한다. 그녀는 자신의 이야기를 세상에 알리면서 다른 사람들이 사랑과 인생의 기쁨과 고통에 공감하리라는 것을 깨닫는다. 자신의 연극이 성공을 거둘 것이라는 것 역시 확신한다.

감정을 마음속에 억눌러놓기만 하면 결정적인 순간에 폭발하거나 극도로 침울해질 것이다. 당연히 자신감에도 큰 타격을 입는다. 규칙적으로 글을 쓰는 습관은 불안한 감정을 발산하고 당신의 마음과 이성이 앞으로 전진할 수 있도록 풀어주는 훌륭한 방법이다. 그렇다. 그것은 당신이 의도한 것은 아니지만, 좋은 치료제가 될 수 있다.

글쓰기엔 여러 가지 방법이 있다. 특히 요즘은 누구나 블로그를 통해 자신의 감정을 온라인 세상에 올릴 수 있다. 그런 블로그는 이미 수백만 개나 존재한다.

지난 수년간 당신의 머릿속에 들어있던 생각들을 책이나 시나리오로 써보면 어떨까? 당신이 굳이 〈전쟁과 평화〉를 집필해야한다는 것이 아니다. 그렇게까지 하지 않아도 당신은 충분한 효과를 얻을 수 있다. 한두 단락만으로도 놀라운 일을 이룩할 수 있는 것이다.

수십억 명의 사람들이 당신의 개인사를 들여다봐도 상관없다면 공개적으로 일기를 써라. 당신이 자신의 감정에 솔직해지고 고통을 덜기 위한 훌륭한 도구가 된다.

요컨대 글쓰기는 당신이 자신감을 얻을 수 있는 훌륭한 도구다. 그러니 키보드 위에(혹은 기타 위에) 손을 올려 당신의 가슴이 말하게 하라. 어떤 결과가 나오든, 당신은 더 나은 사람이 될 것이다.

멘토를 찾아라

자신감이란 깨지기 아주 쉬운 것이다.
— 조 몬태나 Joe Montana —

어릴 때 부모님으로부터 자신감을 키우는 법을 배우지 못했다고 해서 좌절하지 말라. 당신이 좋아하는 분야에서 존경할 만한 이를 찾아 멘토가 돼달라고 부탁하라. 그런 부탁을 받는다면 대부분의 사람들은 반길 것이다.

멘토링이란 심리 치료가 아니며 광범위한 인생 코칭은 더더욱 아니다. 그것은 어떤 분야에 당신보다 더 많은 지식과 경험을 가진 누군가가, 그것을 기꺼이 나누어주려는 마음으로 당신이 갖가지 어려움을 헤쳐갈 수 있도록 돕는 과정이다.

멘토와 멘티가 서로 만난 후 가장 먼저 해야 할 일은 관계의 성격과 목표를 논의해 공감대를 형성하는 것이다. 이 과정은 두 사람이 앞으로 함께 기울여야할 노력의 수준을 결정하므로 여기에 충분한 시간을 할애할 가치가 있다.

삶의 몇 가지 영역에 대해 멘토를 둘 수 있다면 바람직할 것이다. 직업상의 멘토는 더할 나위 없이 소중한 존재다. 인간관계의 멘토는 인생에서 어쩔 수 없이 기복을 겪을 수 밖에 없는 타인과의 관계에서 든든한 안내자가 돼줄 것이다. 낚시나 테니스에 있어서도 때로는 멘토를 둘 수 있다. 그것은 그들로부터 레슨을 받는다는 얘기가 아니다. 그들은 단지 기술을 가르치는 게 아니라 당신이 그런 활동을 통해 보다 행복해지는 것에 관심을 둔다.

일례로 필자는 테니스 게임을 이기기 위해 하지 않는다. 그냥 즐길 뿐이거나 테니스를 통해 멘토링을 한다. 나는 이것을 '선禪 테니스'라고 부른다. 상대방이 쉽게 받아넘겨 최대한 오래 발리를 지속할 수 있도록 공을 치는 것이 이 게임의 목적이다. 핵심은 이기려는 것이 아니라 놀이를 하는 것이다. 이는 재미도 있고, 훌륭한 연습효과도 있으면서, 게임이 끝난 후에 아무도 졌다는 생각이 들지 않는 방법이다. 자신감을 키우기 위한 훌륭한 수단인 것이다.

멘토는 인생의 어떤 분야에나 필요하며 소중하다. 내가 아는 한 멘토와 멘티의 관계가 성공하지 못하는 경우는 별로 없다. 멘토의 도움을 받다보면 서로 발전한다. 둘 사이에 이루어진 결속 관계는 결코 사라지지 않는다. 당신이 원하지 않을 때까지 말이다. 여기서 좋은 점은 당신은 언제든지 멘토에게 전화를 걸어 뭔가를 그에게 물어볼 수 있다는 사실이다.

 자신의 분야에 정통하고 당신에 대해서도 잘 아는, 믿을 만한 사람이 곁에 있다는 것은 매우 든든한 일이며 엄청난 선물이다. 지금까지 멘토가 없었다고 해도 아직 늦은 것은 아니다. 예전에는 있었는데 지금은 아니라면 새롭게 찾아보는 것도 좋은 생각이다. 오늘날 우리가 당면한 문제들은 결코 사라지지 않고 오히려 더 복잡해지기 일쑤이기 때문이다.

 혼란이 닥쳐와 당장 어쩔 줄 모를 때면 우리는 자신감을 잃게 된다. 이럴 때 멘토와 나누는 대화는, 당신의 능력을 강화하고 당신에게 지혜와 스킬 뿐 아니라 삶과 사랑에서 맞이하는 도전을 이겨내도록 도와주는 사람이 있다는 사실을 일깨워주는 훌륭한 방법이다.

자신을 돌보라

자기 존중은 삶의 모든 측면에 스며든다.
― 조 클라크 Joe Clark ―

운동과 충분한 휴식으로 건강을 관리하면 언제나 활기 넘치는 삶을 살 수 있다. 활기를 잃은 상태에서 스스로에 대해 좋은 생각을 가지기는 힘들다.

스스로를 돌보는 일을 우선순위에서 맨 나중으로 미루는 사람들을 볼 수 있는데, 그렇게 해서는 매사에 좋은 성과를 올리기기 힘들다. 자신의 몸과 마음을 지속적으로 유지, 관리하지 않으면 꿈과 소망을 이루는 일은 점점 어려워진다. 당신이 원하는 일들을 찾기가 점점 힘들어지고, 당신 자신이나 자신의 삶을 좋아할 수 없게 된다.

내 스스로를 잘 돌봐야만 인생이 잘 풀린다. 비슷한 것들끼리는 서로 끌리게 마련이듯, 기분이 좋아야 좋은 일이 당신에게 찾아오는 것이다. 쉬운 말로 들리지만(실제로도 쉽다), 이를 위해서는 자신의 있는 모습 그대로를 좋아하고, 세상이 안겨주는 모든 좋은 것들을 누릴 자격이 있다고 스스로 생각해야 한다.

하루 종일 소파에 앉아 TV만 보아서는 뭔가를 이루어낼 에너지를 낼 수 없다. 피곤한 상태로는 성취를 거두거나 일을 제대로 유지한다는 것 자체가 힘들어질 수밖에 없다. 침대에서 일어나기조차 싫을 때가 있다. 만약 당신이 매일 그런 상태에 빠져있다면 당신이 원하는 바람직한 자신의 모습을 상상해보라. 그 이상을 실현하고자 하는데 지금 침대에 있어도 괜찮겠는가? 해가 중천에 뜰 때까지 일어나지도 못한다면 무엇 하나도 제대로 해내기란 힘들다.

자신을 올바로 돌보는 것이야말로 에너지를 얻을 수 있는 방법이다. 무엇을 어떻게 해야 할지 모르겠다면, 가장 기본적인 일부터 시작해보라. 산책을 시작하고, 일찍 잠자리에 들어라. 인터넷에는 자기관리에 관한 수많은 정보가 있고, 이에 관한 책도 엄청나게 많지만, 대부분은 상식에 속하는 내용이다.

자신을 돌보는 일이 그토록 힘들다면 당신은 우울증을 앓고 있는지 모른다. 그러니 우선 그 점을 점검해본 후 건강계획을 착수해야할 것이다. 신체 단련에 보다 힘을 기울이기 위해서는 감정적 행복을 먼저 완전히 다스릴 수 있어야한다.

새롭거나 색다른 일을 하는 것에 대한 두려움은 당신이 그것을 헤쳐 나오지 못할 때 당신을 옭아맬 수도 있다. 때로는 스스로를 강하게 몰아치는 게 도움될 수 있지만 너무 서둘러서는 일을 그르친다. 바로 이런 이유로 개인 트레이너를 두거나 헬스클럽에 등록하는 것이다. 때로 우리는 자신의 몸을 움직이고 심장을 뛰게 만들어 건강한 생활습관을 선택하도록 우리에게 자극을 해 줄, 즉 우리의 등을 떠밀어줄 누군가가 필요하다.

우리는 나쁜 습관에 그대로 젖어있는 경우가 많다. 당신이 그런 상태에 빠져있다고 생각된다면 이제는 정말 변화를 꾀해야할 때다.

지금 당장 손에 든 담배나 사탕을 내던져라. 물병을 집어 들어 운동화로 갈아 신은 후 밖으로 나가라. 먼저 자기 자신에 대해 좋은 느낌을 가질 수 있을 뿐 아니라, 당신과 똑같이 건강해지기로 결심한 새로운 친구를 사귈 수 있을지도 모른다.

'하늘의 퍼스트레이디' 아멜리아 에어하트

　아멜리아 에어하트는 작가이자 여성 비행사로, 1932년 여성 최초로 대서양 단독 횡단에 성공했다. 비행기라는 수단이 흔하지 않던 시절, 남성들도 쉽게 엄두내지 못한 비행에 여성이 도전한 것이다. 몇 번의 비행에 성공한 그녀는 〈20시간 40분 20 Hrs. 40 Min〉을 출간하며 사회적으로 승승장구한다.

　그러나 아멜리아의 도전은 멈추지 않았다. 1937년 7월, 그녀는 혼자서 지구 한 바퀴를 도는 비행에 도전한다. 그러나 뉴기니 섬에서 출발해 남태평양을 횡단하던 도중 하울랜드 섬 부근에서 실종됐다. 비행을 시작한 지 44일만의 사고였다.

　80년 가까이 지난 현재, 그녀의 시신은 아직 발견되지 않았다. 하지만 그녀는 우리에게 큰 교훈을 남기고 있다.

　"다른 사람들이 할 수 있거나 할 일을 하지 말고 그들이 하지 못하고 하지 않을 일을 해라."

2

당신은 필요한 것의
99퍼센트를 지녔다

다른 사람이 당신을 어떻게 생각하는지에 대해선 당신이 상관할 바가 아니다. 그것이 당신의 자아의식에 영향을 미치게 해서는 안 된다. 주변 사람들의 비난에 흔들리지 않는 태도는 성공을 얻고 자신감을 지키기 위한 훌륭한 방법이다.

어머니가 가르쳐주는 것들

키스해주는 어머니도 있고 꾸중하는 어머니도 있지만, 사랑하기는 마찬가지이며, 대부분의 어머니는 키스도 하고 꾸중도 한다.
— 펄 S. 벅 Pearl S. Buck —

살아오면서 어머니들로부터 많은 것을 배웠다. 나의 어머니뿐 아니라 내가 아는 사람들의 어머니들로부터도 말이다. 그들의 조언이 없었다면 오늘의 나는 없었을 것이다. 각종 기고문을 쓰는 내게 "어머니께서 이 칼럼을 보내주셨는데요…"라고 시작하는 전화와 이메일을 얼마나 많이 보내오는지 모른다. 다음은 우리들이 어머니에게서 배운 것들이다.

- "어머니들은 결코 자신만 생각하는 법이 없다. 어머니는 언제나 두 번 생각한다. 한번은 자신을 위해, 또 한 번은 아이들을 위해."
  — 소피아 로렌 Sophia Loren, 〈여성과 미 Women and Beauty〉의 저자

- "어머니는 당신이 처음으로 사랑한 여성이었다. 그 사실을 잊지 말라. 어머니의 양육은 사랑의 실천이며, 그것은 어떤 말보다 더 큰 외침이다."

  — 스티븐 폴터 Stephan Poulter, 박사, 〈어머니 요인 The Mother Factor〉의 저자

- "어머니의 따뜻한 보살핌이면 모든 게 다 치유된다. 당신이 아플 땐 어머니가 당신 곁에서 죽을 끓여주고 기분이 안 좋을 때는 따뜻하게 격려해주기를 바랄 것이다. 시름에 잠겨있을 때 내 어머니는 언제나 앞으로는 상황이 좋아질 것이라고 말했다."

  — 마그렛 골드스미스 Margret Goldsmith

- "당신은 그것 때문에 실패할 수도, 그것에도 불구하고 성공할 수도 있다. 당신이 길 위의 장애물을 어떻게 처리하느냐에 달려있는 것이다."

  — 시드니 맥이웬 Sydney MacEwen, 셸리의 딸

- 엄마 고양이가 가르쳐준 교훈이 있다. 만나는 모든 사람마다 몸을 비벼대는 것만 좋은 건 아니라는 점이다. 때로는 약간 까다롭게 구는 것도 좋다는 말이다. 그래야 나중에 마지못해 양보해야할 상황을 피할 수 있다."

  — 피와켓 Piewackett

- "내가 미국에 오기 전 어머니는 내게 이렇게 말했다. 시속 수천 킬로미터로 달린다고 해도 그 전에 어디로 갈 것인지 정하지 않으면 제자리만 빙빙 돌다 아무데도 못 갈 것이라고. 계획이 없는 목표는 헛된 희망에 불과하며 시간만 낭비할 뿐이다."
  — 파비오 비비아니 Fabio Viviani, 수석 요리사, 〈탑 셰프 Top Chef〉 인기 출연자

- "일이 마음대로 되지 않을 때는 잠시 시간을 내 여자 친구나 딸을 데리고 여자들이 좋아하는 영화라도 보러 가라. 우울한 기분을 조금이나마 날려버릴 수 있는 확실한 방법이다."
  — 메리 트뤼도 Mary Trudeau

- "우리는 그저 살다가 죽기 위해 세상에 태어난 게 아니다. 우리는 목적을 가진 존재들이다. 위대한 업적, 사랑하고 사랑받는 것 등 말이다."
  — 테레사 수녀 Mother Teresa

- "무언가를 이룰 수 있는 가능성을 의심하면 그것을 이룰 수 없다. 당신의 능력을 우선 믿고, 끝까지 굳세게 밀고 나가야 한다."
  — 로잘린 카터 Rosalynn Carter

우리가 어머니들에게 받고 또 바치는 사랑은 인생이라는 끝없는 쳇바퀴 속에서 발견하는 진실한 경험이다. 어찌됐든 어머니와 다정한 관

계를 유지하는 것은 이제라도 결코 늦지 않다. 그러니 오랫동안 떨어져 살았다고 한들 무슨 대수인가? 가장 중요한 것은 그분은 여전히 당신의 어머니라는 사실이다. 당신이 어머니의 자녀라는 사실을 그분에게도 알려주라.

새로운 아이디어에 마음을 열어라

자신감은 마치 예술과도 같이, 모든 해답을 안다고 해서 오는 것이 아니다.
그것은 모든 질문에 대해 마음을 열 때 얻는 것이다.
- 얼 그레이 스티븐스 Earl Grey Stevens -

문제를 해결하고자 할 때는 새로운 아이디어에 마음을 열어야 한다. 진정한 학습(그리고 자신감 습득)의 태도가 필요하다. 당신은 물론 당신이 신뢰하는 사람들의 조언을 진심으로 믿어라.

모든 일을 혼자 다 하고 시시콜콜한 세부사항에 얽매이며, 주위 사람들로부터 새로우면서 혁신적인 아이디어를 받아들이지 않는다면 발전하기는커녕 현재 위치를 지키는 것조차 힘들어지게 된다.

가까이에 있는 유능한 사람들의 도움을 받는 것은 언제나 현명한 행동이다. 아무도 없는 곳에서 세상과 등진 채 혼자 사는 것이 아니라면 주위의 모든 것과 모든 사람들로부터 영향을 받지 않을 수 없다. 그 영향을 받아들여 자신의 일부로 삼고, 최선을 발휘하는 데 이용하라. 당신에게 영감을 주는 사람들을 믿어야 한다. 그들의 아이디어는 실제로 당신의 아이디어를 보완해준다.

때로는 틀을 깬 엉뚱한 사고가 위력을 발휘할 수도 있다. 서로 생각을 주고받는 일을 필자는 '아이디어를 갖고 논다'고 표현한다. 이른바 브레인스토밍 brainstorming이 그 일종이다. 어떤 사람들이 그저 재미로, 혹은 주의를 끌기 위해 말했는데(아이들이 잘하는 행동이다), 당신의 마음에 큰 공감을 불러일으키는 경우도 있다.

해답이나 아이디어를 스스로 떠올려놓고도, 자신에 대해 지나치게 엄격한 태도를 가지거나 마음속에 자신감이 바닥나버려 그것을 외면하는 경우도 있다. 자신의 생각을 인정하는 법을 배우는 것은 힘든 시기일수록 우리 모두가 맞닥뜨리는 일종의 도전이다.

상처를 주는 말

어느 누구도 당신의 허락 없이는 열등감을 줄 수 없다.
— 엘리너 루즈벨트 Eleanor Roosevelt —

다른 사람이 당신을 어떻게 생각하는지에 대해선 당신이 상관할 바가 아니다. 그것이 당신의 자아의식에 영향을 미치게 해서는 안 된다. 주변 사람들의 비난(혹은 소문)에 흔들리지 않는 태도는 성공을 얻고 자신감을 지키기 위한 훌륭한 방법이다.

누군가와 함께 살면 가끔은 서로에게 상처를 주는 일이 생긴다. 상대가 당신에게 잘못을 저질렀다 해도 대개는 고의가 아닐 것이고, 만약 그렇다면, 당신이 그 자리를 떠나야하거나 코칭이나 상담이 필요하다는 신호일지도 모른다.

시기심이나 불안감을 품은 사람이 불쾌한 단어를 던진 것 때문에 심정이 상했을 때 우리는 매우 불쾌한 동시에 자신감도 바닥에 떨어지게 된다. 그 사람이 모르고 그랬든, 노골적으로 그랬든 말이다. 어린 시절 다른 아이들에게 놀림을 당했을 때, 미국의 어머니들은 비슷하게 대응한다. 우선 어디서 그 얘기를 들었는지를 물어보고 막대기나 돌멩이로 몸을 다치게 할 수는 있어도 언어로는 그렇게 할 수 없다는 내용의 옛날이야기(Sticks and Stones)를 꺼낸다.

사람들이 당신에 대해 부정적인 이야기를 하는 이유는 자신들이 불안하고 속이 상하기 때문이다. 당신을 짜증나게 하려고(혹은 당신을 나쁜 사람으로 보이게 하기 위해) 누군가가 소심하게 공격해오는데 당신이 그 의도에 넘어갔다면, 그는 그 행동을 계속 할 것이다. 오히려 부적절하고 사실과도 다른 말과 행동을 그저 무시해버리면 상대방의 힘을 무력화시킬 수 있다. 필자 역시 그런 사람들은 불쌍한 영혼들이라고 생각해 그냥 무시한다.

높은 자리에 있는 사람들은 대개 업무 현장에서 벌어지는 이런 종류의 나쁜 행동을 잘 알고 있다. 비난과 소문을 퍼뜨리는 사람들의 말은 그저 그러려니 하고 듣고 넘긴다. 그렇지 않고 그들의 말 때문에 성과나 기분이 좌우된다면 주위 사람들을 혼란스럽게 만들기 쉽다. 당신을 괴롭히는 말이나 행동을 일삼는 사람에게 상처 받지 않거나 화내지 않는 것은 정말로 어려운 일이다. 그렇지만, 필자의 조언을 받아들인다면 유사한 어떤 일이 일어나더라도 스스로를 지킬 수 있을 것이다.

어떤 말에 즉각적으로 반응하기보다는 차분히 대응하면 내적인 힘과 자신감을 키운다. 공격을 받더라도 노여움을 보이지 않는 것은 당신이 상대방보다 우위에 있다는 징표다. 그런 식으로 자존감을 보여줌으로써 부적절한 비난에 대해 면역력을 키울 수 있다. 그렇게 되면 비난만 일삼는 사람들 입장에선 시간과 에너지만 낭비된다.

부정적인 말들을 그저 흘려버리면 상대방은 서서히 나쁜 행동을 멈출 것이다. 혹시라도 같은 일이 반복되면 진지한 일대일 대화가 필요하다. 제3자의 도움을 구하는 것도 좋다. 당신이 공격의 심각성에 따라 최선의 방법과 행동을 선택하리라고 믿지만, 거친 욕설로 맞받아치는 것만은 삼가기 바란다. 그것은 당신을 상대방의 수준으로 깎아내리는 행위다.

악의적인 공격에 상처 받지 않고 품위를 지키게 되면 당신은 자신감을 다치지 않으면서 주변 사람들로부터도 존경심을 살 수 있다. 당신이 할 수 있는 최선의 행동이 그것이다.

기초를 튼튼히 하라

하려는 의지는 할 수 있다는 것을 아는 지식으로부터 나온다.
― 제임스 앨런 James Allen ―

무슨 일에서든 튼튼한 기초를 갖춰야 자신감을 높일 수 있다. 당장 필요한 모든 것을 가지고 있지는 않더라도, 기초를 튼튼히 다지기 위해 조사하고, 배우며, 계속 연습하는 것은 훌륭한 일이다. 자신감이 있는 사람들은 자신이 무엇을 모르는지를 알며, 필요한 정보와 도움을 얻기 위해 필요한 단계를 착실히 밟아나간다.

인생을 일궈나가는 일을 집을 짓는 것에 비유해본다면, 튼튼한 기초를 구축하는 일이 얼마나 중요한지 알 수 있다. 집을 지을 때 가장 먼저 해야 할 일은 당신에게 필요한 기초가 어떤 것인지 결정하는 일이다. 새로운 사업을 시작할 때에도 비슷하다. 거래은행과 거래처 등 신생 벤처

업체가 갖춰야할 기초사항들을 확보했는지 세심하게 검토해야 한다. 기초 사업구조가 자리를 잡으면, 모든 일이 서로 맞아떨어지고 당신의 가정과 사업, 새로운 삶이 훌륭한 토대 위에 서게 된다.

모든 사람과 가정, 기업은 종종 변화를 필요로 한다. 때로는 대규모로 보수해야할 경우도 있다. 이것은 결코 실패가 아니라 늘 일어나는 정상적인 일이다. 대부분의 주택거래업자들은 당신의 집이 튼튼한 골격(강력한 기초)을 갖추고 있다면 필요에 따라 어떤 수준의 보수라도 할 수 있고, 리모델링이나 확장까지 가능하다고 말할 것이다. 이것은 삶의 나머지 영역에도 마찬가지로 적용되는 진리다.

어떤 일이 제대로 되지 않는다고 자신을 가혹하게 재단한다면 문제해결에 전혀 도움이 되지 않는다. 당신이 이룰 수 있다는 믿음의 토대에 의지해야 예상치 못하는 문제에 훨씬 쉽게 대처할 수 있다. 당신의 일에 대한 자신감이나 강력한 지원 시스템과 같은 올바른 도구를 가지고 있다면, 당신은 순간순간 등장하는 어떠한 이슈도 극복해 나갈 수 있다.

훌륭한 기초를 갖추기 위해 전통적인 교육을 이수할 필요는 없다. 자신의 재능과 경험 등 어떤 것이든지 자신감을 위한 기초가 될 수 있다. 어쩌면 당신의 아버지가 뭔가를 만들고 수리하는 법을 가르쳐줬거나 어머니가 당신에게 물건을 훌륭하게 장식하는 재능과 열망을 선사했을 수 있다. 재능은 당신이 물려받았든, 타고났든, 나중에 배웠든 간에 훌륭한 기초를 가지고 있기에 나타난다. 그 사실을 존중하는 것부터가 자신감을 키우기 위한 기초다.

지능은 다양하다

자신을 신뢰하라. 그러면 어떻게 살아야 하는지 알 수 있을 것이다.
- 요한 볼프강 폰 괴테 Johann Wolfgang Von Goethe -

인간관계에 투자할 수 있는 정신적 자본만 가지고 있다면, 그렇지 않은 사람보다 앞서나갈 수 있다. 뛰어난 지능을 갖추지 못했다고 생각되더라도 걱정하지 말라. 당신에겐 어쩌면 다른 지적능력이 있을 수 있다.

우선은 지능에 대한 당신의 생각을 재평가하는 게 필요하다. 최근에 와서 다중지능의 실체가 널리 받아들여지고 있다. 고용주와 전문가, 교육학자들은 IQ뿐만 아니라 EQ 감성지수와 CQ 창조지수, 그리고 몇몇 다른 지수 등도 재능과 능력의 평가 항목으로 주목한다.

나는 학업 성적이 아주 좋은 학생은 아니었다. 성적이 좋기로는 내 친구 슬리츠 벤더헤이드 박사(박사면서 변호사이다!)와 그의 사랑스런 아내

낸시를 들 수 있다. 그녀 또한 임상심리학 박사 학위를 두 개나 가지고 있으며 로스앤젤레스 현대정신분석대학원의 원장이기도 하다. 그들은 비록 지능 면에서는 나보다 훨씬 앞서겠지만 창의성 면에서는 내가 더 낫다는 점에 우리 모두 동의한다.

이 예를 든 이유는 자신의 일부분이 아니라 전체를 보는 게 중요하다는 점을 말하고 싶어서다. 박사 겸 변호사는 고사하고 그 중 하나만 된 사람도 극히 드물다. 학급에서 가장 똑똑한 학생이 아니었다고 해서 업무 현장에서 가장 창조적인 사람이 되지 말란 법은 없다.

학교 성적이 앞섰거나 학벌이 뛰어난 사람과 자신을 비교하면 많은 경우 마음 위축되는 게 사실이다. 하지만, 그가 인생을 제대로 사는 법을 당신만큼 잘 알고 있는가? 그녀는 자신의 모습을 받아들이며 자신감을 갖고 살아가는가? 대입 수능시험에 나오진 않는 질문이지만, 이에 대한 대답이야말로 인생이라 부르는 게임에서 진짜 몇 점을 받는지를 보여준다.

당신은 필요한 모든 지능을 갖고 있으며, 당신이 부족하다고 생각하는 재능과 능력은 다른 영역의 그것들로 충분히 메우고도 남는다고 생각하라. 스스로에 대한 믿음을 버리는 순간, 당신의 재능은 서서히 퇴화하게 될지도 모른다.

스스로를 믿어라

인생에서 확실한 것은 두 가지 뿐이다. 바로 죽음과 세금이다.
— 마크 트웨인 Mark Twain —

당신은 인생의 난관을 헤쳐 나가 새롭고 멋진 결과를 일굴 도구를 갖고 있다. 사랑하는 사람과 당신의 팀원들, 그리고 그 누구보다 당신 자신을 믿을 수 있다는 것을 안다면 말이다.

오늘 의지할 사람이 있다면 당신의 삶은 훨씬 더 쉬워지며, 모든 일을 혼자 하지 않아도 된다는 사실에 자신감을 얻을 수도 있다.

당신이 믿음직한 사람이라 느낀다면 여기서 오는 자부심만으로 자신감은 더욱 향상될 수 있다. 당신은 그 자부심에서 오는 에너지를 좋아한다. 그 에너지는 당신의 사고에 영향을 미쳐 자기 자신과 자신의 일, 그리고 당신이 돕고 있는 사람들이나 당신을 도와주는 이들에 대해 긍정적인 감정을 가지게 한다. 사람들이 훌륭한 협력을 이뤄낼 때에는 일종의 단결심이 생겨나며 이 때 그들 모두는 좋은 분위기 속에서 자기 생각을 나누게 된다.

믿음직한 사람이 되면 시간이 지남에 따라 호감도가 올라간다. 우리는 자라면서 기대를 저버리거나 괴짜 같은 사람들에 대해 쉽게 질린다. 당신이 믿을 만한 사람이라는 것을 다른 사람들이 알게 되면, 당신은 사랑하는 사람의 마음을 얻거나 성공의 사다리를 올라갈 수 있다. 그리고 스스로를 믿을 수 있다는 사실을 진정으로 깨닫게 될 때, 당신에게는 건너지 못할 강이나 해결치 못할 문제 따위는 사라지게 된다. 자신감은 당신이나 당신에게 필요한 사람이 언제나 그 자리에 있다는 사실을 아는 것으로부터도 온다.

자전거 타기

경험이 최고의 스승이다.
— 무명씨 —

한 번 방문한 곳에는(그리고 거기서 티셔츠라도 사봤다면) 다시 가기가 쉽다. 인생에서 일어나는 대부분의 일은 아무리 오래된 일도 마치 자전거 타기와 같다. 다시 시도할 때 약간 불안정할 수는 있지만 실력은 금방 다시 예전으로 돌아온다.

경험은 자신감을 구축하기 위한 가장 강력한 힘이다. 당신이 뭔가에 능숙하다는 것을 일단 알고 나면, 잠시 저조한 때가 있을지언정 본래 실력을 회복하고 계속해서 발전할 수 있다는 사실을 깨닫게 된다. 이것은 체육, 의학, 예술, 리더십 분야의 위인들이 모두 보여주는 공통적인 사실이다.

그들에게는 언제나 더 발전하고자 하는 욕망과 끊임없는 훈련과 연구, 그리고 언제나 최선을 다할 준비를 갖추고 있다는 공통점이 있다. 나는 매닝 형제(형제가 모두 쿼터백으로 활약하는 유명한 미식축구 선수 – 옮긴이)가 시즌이 끝났다고 해서 공 던지기를 멈추지는 않는다고 확신한다. 휴식이 중요하지만 최고가 되고자 하는 욕망이 있다면, 공을 집어 들고 당신이 가장 좋아하는 리시버가 어디 있는지 살피는 일을 결코 멈추지 않을 것이다.

많은 사람들이 '훈련'이라고 부르는 것은 사실 경험에 해당하는 것이다. 생각해보라. 당신은 머릿속으로 경기를 반복하고, 공격을 당하지 않는 법을 연습하며, 최상의 경기력을 선보이기 위한 몸을 준비한다. 이 모두가 바로 경험이며, 그것은 당신의 하는 일과 당신의 존재를 더 나은 수준으로 끌어올린다.

자신이 두려워하는 일을 더 많이 시도하는 것이 그 두려움을 이기는 데 도움이 된다. 거기에 익숙해지지 않을 수는 있지만, 무엇을 해야 하는지를 이해하고 당면 과제를 성취할 수 있다는 사실을 믿게 된다. 그렇게 되면 일에 두려움을 덜 느낄 뿐만 아니라 생각보다 일찍 과제를 완수할 능력을 갖추게 된다.

경험을 갖춘다는 것은 기력을 소진한다는 말과는 다르다. 자기 분야에서 산전수전의 경험을 가진 사람들은 다른 사람들이 잊어버렸거나 배우지 못한 사항을 꿰고 있는 베테랑들이다. 나이 많은 의사는 자신의 경력을 통해 최신 기술을 익힌 젊은 의사가 경험하지 못한 것들을 체험했다. 심리치료사인 필자는 치료약에 관해서라면 최신의 개발품이 무엇인지 궁금하다. 그러나 특수 진단에 관해서는 해당 분야 전문가에게 위임하는 게 보통이다.

기억하라. 더 많이 경험할수록, 그것을 반복하는 게 더 쉬워진다. 당신이 더욱 많은 성공을 경험할수록 그것을 반복하는 것은 더 쉽다.

필요인가, 욕망인가

필요는 발명의 어머니다.
- 무명씨 -

어머니들이 없었다면, 특히 발명의 어머니가 없었다면 우리는 어떻게 됐을까? 필요를 찾아내 해결하는 일은 자신을 없어서는 안 되는 존재로 만드는 가장 훌륭한 방법이다. 더구나 필요한 사람이 된다는 것은 인생에서 가장 큰 동기와 자신감을 얻을 수 있는 목표다. 어떤 필요를 위해 자신을 아낌없이 바칠 에너지를 가지고 있다면 다른 사람에게 믿음을 이끌어낼 수 있다. 그 과정에서 당신은 스스로에 대해 보다 더 좋은 기분을 느낄 것이다.

필요한 것과 원하는 것의 차이를 아는 것은 현명한 의사결정을 위해 꼭 필요하다. 이를 이해하기에 가장 쉬운 사례는 굶주림과 식욕의 차이를 이해하는 것이다. 굶주림을 느낄 때, 당신의 신체는 칼로리와 에너지가 부족하다. 그래서 당신의 위장이 두뇌를 향해 '배를 채워줘!'라는 신호를 보낸다. 이에 반해 식욕이란 맛있게 보이거나 먹음직한 냄새가 나는 음식을 향한 갈망이다. 당신은 배가 고프지도 않으면서도 맛좋은 냄새를 탐하여 군침을 흘리는 상황이다.

기본적인 차이를 알았다면 이제 당신의 필요와 욕망을 구분하는 것과 어떤 관계가 있는지 살펴보자.

이젠 '필요 분류 작업'을 시작해보자. 이를 통해 당신은 무엇이 필요한지 결정한 후 당신의 욕망을 적절한 위치에 놓을 수 있다. 당신에게 필요하다고 생각하는 것을 열거해보라. 단, 자신에게 정직하라. 그것은 진정으로 필요한 것인가, 아니면 그저 원하는 것인가?

당신이 필요하다고 생각했던 것 중 상당수가 사실은 꼭 필요한 게 아니다. 거꾸로 보면 당신은 이미 필요한 것의 99퍼센트를 가지고 있다고 감히 말할 수 있다. 그 사실을 아는 것 자체가 이미 큰 자신감을 준다. 더구나 필요가 이미 충족되고 있다는 사실을 알면 더욱 더 자신을 헌신할 수 있다. 스스로 감정적, 신체적, 재정적인 여유가 있다는 사실을 알기 때문이다.

더불어 발명의 아버지는 노력이라는 사실도 기억해보자. 당신의 소망을 이루기 위해 당장 준비하라.

진정한 용기

자신감이란 쉽게 말해 용기다.
— 대니얼 마허 Daniel Maher —

용기는 두려움이 없는 상태가 아니다. 어떤 두려움 속에서도 목표를 이루기 위해 불확실한 시간들을 극복해나가는 것을 말한다. 자신에게 눈앞에 닥친 역경을 견딜 패기가 있음을 믿고서 도전에 응하는 태도야말로 자신감을 쌓아가는 벽돌인 셈이다.

상황에 대한 인식과 당신이 택한 것이 옳은 길이라는 자각은 많은 이슈를 해결한다. 가정에서든 직장에서든 말이다. 이를 자동차 여행(당신이 대도시에 산다면 출퇴근길)에 비유해보자. 고속도로 위에서, 당신은 전방의 자동차 중 몇 대나 시야에 넣고 달리는가? 오직 바로 앞의 차만 보고 달린다면, 수백 미터 앞에서 사고가 일어났을 때 앞 차들이 브레이크를 밟는 모습을 놓칠 가능성이 높다. 조금만 시야를 넓혔어도 앞차의 후미를 들이박는 일은 피할 수 있었을 것이다.

용기 있는 courageous 사람들은 주변 상황에 민감하다. 그들은 변화를 감지하며 그 변화에 대처할 내적, 외적 준비를 갖추고 있다. 이에 비해 용감한 brave 사람은 준비는 미흡하더라도 자신이 올바르게 대처할 수 있다는 믿음을 가지고 있다. 주어진 여건을 이용해 문제를 해결해나갈 줄 안다. 많은 경우 용기 있는 사람들의 지략이 용감한 사람보다 더 뛰어날 수 있다. 그러나 어떤 경우든 그들의 자신감은 주변상황을 돌아볼 줄 아는 능력과 주어진 상황에 냉정하게 대처하는 태도에서 온다.

옳은 일을 하고 있다는 것을 아는 것은 큰 힘이 된다. 거기에서 오는 자신감은 역경에 맞설 용기를 줄 수밖에 없다. 그 역경이 신체적 질병이든, 과업의 도전이든, 혹은 인간관계 문제이든, 당신이 지금 있어야할 곳에 있다는 사실을 믿으라. 어떤 위협에 대해서도 살아남아야 한다고 결심한다면, 역경을 이겨낼 힘은 충분할 것이다.

용기는 여러 경로를 통해 얻을 수 있다. 대개는 당신이 두려워하는 대상을 이겨낼 수 있다는 자신감에서 온다. 그 대상은 새로운 스포츠, 첫 번째 데이트, 또는 신학기 수업일 수도 있다. 대부분의 사람들은 새로운 것에 두려움을 느낀다. 자신을 지켜보는 친구나 연인이 될지도 모르는 사람, 또는 강연장에 모인 배우려는 열의로 가득 찬 사람들에게 좋지 못한 모습을 보이고 싶은 사람은 아무도 없다. 그 점에 있어 우리는 모두 같은 성향을 지닌다. 이 사실을 아는 것은 새롭고 두려운 일에 도전하는 데 힘이 된다.

당신은 사실 오늘의 모습이 되기까지 새로운 일을 많이 배웠다. 그 와중에 당신의 패기는 여러 가지 방법으로 검증을 거쳤다. 이 사실만 생각해봐도 당신은 새로운 일을 극복할 수 있을 뿐 아니라, 과거의 성취보다 훨씬 더 대단한 일에도 도전할 수 있다. 그래서 당신은 충분히 자신감을 가져도 된다.

학력을 무시하지 말라

성취는 신념과 정비례한다.
– 윌리엄 F. 스콜라비노 William F. Scolavino –

아는 것은 힘이다. 교육을 받고, 그 내용을 진정으로 익힌 사람이라면 인생에서 실패할 가능성은 적다. 자신이 익힌 정보나 교훈은 자기 자신과 튼튼히 연결돼 있기 때문이다. 배움은 가장 확실한 자신감의 원천이다.

　오해하지 말라. 많이 배운 사람 중에는 그저 자신의 머리만 믿고 아무 것도 하지 않는 사람도 물론 있다. 마지못해 공부하는 시늉만 하거나, 단순히 책만 읽거나, 무리해서 시험에 합격하는 것은 여기서 말하는 배움이 아니다. 배움 혹은 교육이란 더욱 훌륭하고, 현명한 사람으로 발전하는 과정을 말하는 것이며, 그것이 꼭 전통적 형태의 교육에 국한될 필요는 없다. 기술이나 예능을 배우는 것, 사업을 시작하는 것, 학교에 들어가는 것이 모두 교육이다. 그것은 모두 당신의 인간성에 풍요로움을 더하고, 인생이라는 무대를 꾸며준다. 교육은 당신이 더욱 더 당신다워지도록 하며, 자신도 몰랐던 재능을 발견하도록 도와준다.

나는 예술 분야에서 약간의 성공을 맛보았고 그 과정에서 글 쓰는 법을 배웠다. 사업 경험은 훌륭한 스승이었다. 때로는 힘든 시절도 있었지만 나는 언제나 그 속에서 성장을 경험했다. 성년이 된 후 경험했던 대학원 생활도 매우 즐겼다. 그 공부를 다소 늦은 나이인 30대에 시작했던 것은 오히려 도움이 됐다. 이전에 겪은 인생 경험을 통해 무엇이 중요한 분야인지 꿰뚫어볼 수 있었고 별로 중요치 않은 문제는 심각하게 받아들이지 않을 수 있었다.

학위를 취득했던 경험은 나에게 긍정적인 영향을 미쳤다. 간단히 말해, 나는 나 자신과 내가 이루어낸 일에 대해 뿌듯한 마음이 들었다. 그 학위는 그 어떤 것보다 나 자신에 대한 믿음을 안겨줬다. 내가 이런 일을 할 수 있었다면, 원하는 어떤 일이든 할 수 있겠다는 생각이 들었다. 지금도 그 느낌을 분명히 기억하고 있으며, 그 기운에 힘입어 이 책을 쓰고 있다. 지난번 책을 쓸 때도 그랬고 다음번에도 마찬가지일 것이다.

나를 포함하여 수많은 사람들이 교육을 통해 얻은 자신감은 분명하지만, 결코 당연히 여길 일은 아니다. 여기엔 비용이 들어가며, 우리 모두의 가장 소중한 재산, 즉 시간까지 필요로 한다. 그것이 가치 있는 일이었다는 사실은 틀림없지만, 내가 수업 중에 공공연히 고집스러운 태도를 보였던 점은 한 가지 아쉬웠던 일이다. 그러나 내가 자만심과 자신감이 완전히 다른 것이라는 사실을 배울 수 있었던 것도 다 그 수업을 통해서 가능했던 일이었다.

당신이 인생의 어떤 단계에 있든지, 교육을 받는 일은 자신에게 줄 수 있는 위대한 선물이다.

자세는 마음도 바꾼다

최근 한 연구에 따르면 자신감 있는 자세는 호르몬 변화로 행동까지 바꾸는 것으로 나타났다. 캘리포니아대 하스경영대학원의 다나 카니 Dana Carney 부교수는 단지 똑바로 서 있거나 손을 몸통 옆에 붙이고 전면으로 조금 숙이는 포즈, 혹은 책상 위에 손을 올려놓고 앞으로 몸을 기울이는 등의 행동을 하루에 몇 분씩만 연습해도 몸과 마음이 달라진다고 주장했다. 자신감을 나타내는 행동인 '파워포즈 Power Pose'가 남성호르몬인 테스토스테론 수치를 높이고 스트레스 호르몬인 코티솔의 수치는 낮춘다는 설명이다. 연구자는 이런 생리적인 변화가 업무 성과를 향상시키는 것은 물론 더 자신감 넘치고 적극적인 행동을 부른다고 덧붙였다.

이 연구 결과를 전한 월스트리트 저널에 의하면 휴스턴 소재 에너지 기업인 다이렉스에너지레지덴셜의 사장직을 맡고 있는 스티븐 머레이는 파워포즈에 따른 자세교정을 통한 변화를 실감했다. 그는 "사람들 앞에서 입을 떼기 전부터 청중들에게 비언어적인 정보를 보내게 된다"면서 행동을 바꿨더니 메시지 전달이 이전보다 쉬웠다고 밝혔다.

자세가 몸과 마음에 영향을 미친다는 연구 결과는 비단 다나 카니 부교수의 것만 아니다. 하버드대 경영학 교수인 에이미 커디는 가상 면접 실험을 통해 면접 몇 분 전에 소위 파워 포즈를 취한 참가자들이 더 나은 평가를 받았다는 결과를 밝혔다. 면접관들이 이들이 포즈를 취하는 것을 전혀 본 적이 없었음에도 불구하고 나온 통계다.

3

베풀면 자아의식이 강화된다

조언이 필요하면 구하라. 자신의 삶과 행동을 진지하게 생각하는 사람들이라면 기꺼이 도와줄 것이다. 그러나 그들이 당신을 먼저 찾아줄 것이라고는 기대하지 말라.

불가능에 도전하라

우리에게는 불가능에 도전하는 전문가들이 더 많이 필요하다.
— 시어도어 로스케 Theodore Roethke —

2009년 7월 16일, 17세의 잭 선더랜드 Zac Sunderland는 13개월에 걸친 여행 끝에 사상 최연소로 세계 일주 항해에 성공했다. 더구나 10미터 남짓 크기의 배 인트래피드 Intrepid 호로 도전을 완수했다. 그는 자신이 할 수 있는 모든 방법으로 돈을 벌어 그 배를 6000달러에 사 일을 꾸몄다.

나는 우리 고향의 웨스트레이크 요트 클럽 Westlake Yacht Club에서 잭이 자신의 장대한 모험에 관해 연설하는 것을 들었다. 그 클럽은 전미 항해협회와 함께 그의 여정을 후원했던 곳이다. 이 젊은이가 보여준 침착한 자태와 자신감은 또래 친구들의 수준을 훨씬 뛰어넘는 것이었다.

그가 경험한 것처럼 수많은 시간을 홀로 견디고, 해적들을 피해(오스트레일리아 해안경비대의 도움으로), 냉동 건조 식품을 먹으면서 10미터 높이의 파도와 폭풍을 헤쳐가노라면, 아마도 이 세상 어떤 일도 가능하다는 생각이 들 것이다.

그는 연설에서 긴 기간동안 고작 3마리 정도의 생선만 잡았고, 아무도 없는 곳에서 헤엄치다가 상어 떼와 마주쳤던 에피소드를 말했다. 또 여행 중에 모두 14곳의 항구에 들렀다는 이야기도 해주었다. 잭이 타문화권 사람들에 대해 느낀 인상은 그들이 우리보다 훨씬 더 느긋한 삶의 태도를 보인다는 것이었다.

그는 꾸준히 블로그를 운영했다. 그래서 많은 사람들이 인터넷을 통해 그의 여행을 추적했다. 그가 남부 캘리포니아의 마리나 델 레이에 도착했을 때는 1500명의 팬과 100척의 배, 75명의 뉴스 기자, 3대의 헬리콥터, 그리고 〈지미 키멜 라이브 Jimmy Kimmel Live!〉의 인터뷰가 이 멋진 젊은이를 맞이했다.

그는 언론의 열광적 관심에 약간 압도당하긴 했지만 그런대로 잘 대처했다. 불가능을 가능으로 바꾼 사람에게 그 정도는 약과가 아닐까? 이제껏 홀로 세계일주 항해를 성공한 사람은 250명이 채 되지 않는다. 거기에 속하는 것조차 놀라운 일인데, 하물며 그토록 드문 사람들 중에서도 가장 젊은 사람이라니!

무엇이 그에게 그런 용기를 줬을까. 잭의 부모님은 해답의 상당 부분을 차지한다. 그의 부모가 처음부터 보여준 든든한 지원은 그가 대담한 여정을 완수할 수 있는 힘과 자신감을 불어넣었다.

"잭은 훌륭한 항해가이며 아주 용감한 아이입니다. 우리는 그 애가 결국 해내리라는 것을 알았답니다."

그의 어머니 메리앤의 말이다. 그의 부모는 그가 무사히 집으로 돌아온 것만으로 기뻐하지만, 다른 이들은 그가 또 어떤 도전을 시도할지 궁금해 하고 있다. 잭은 말한다.

"고등학교를 졸업하려면 앞으로도 세 과목을 더 들어야하고, 지금 당장은 친구들과 놀고 싶어요."

이제 너무나 유명해진 그가 해변에서 자신의 선원들과 함께 바쁘게 움직이는 모습을 보는 건 이제 어려운 일이 아니다. 하지만 그는 아직 17살짜리 아이일 뿐이다.

그가 4만 5000킬로미터나 되는 여정을 치르면서 외로움을 이겨낼 수 있었던 비결은 그가 6남매의 맏이였다는 사실과, 어쩌면 혼자 있는 것을 즐기는 성격이었다는 것 정도로만 설명할 수 있을 것이다.

그의 모험이 끝난 지 6주 후, 잭보다 3개월 정도 어린 영국의 항해가 마이크 펄햄 역시 세계일주 항해에 성공했다. 그러나 잭은 18세 이하의 나이로는 최초로 그 일에 성공한 기록을 영원히 보유하게 될 것이다.

잭이 앞으로 어떤 일을 시도할지는 아무도 모르지만, 그의 심장은 항상 모험을 향해 요동치고 있으며, 그는 또 다른 위대한 도전을 감행할 자신감을 가지고 있다. 그것이 무엇이든 말이다. 당신은 어떤 새로운 여정을 꿈꾸고 있는가?

고독은 해로운 것이다

혼자 사는 것은 모든 것을 스스로 책임져야 하는 것이다.
― 레오나르도 다 빈치 | Leonardo Da Vinci ―

다른 사람들과 함께 사는 사람들이 홀로 사는 사람들보다 장수한다는 내용의 통계는 수십 년에 걸쳐 입증돼 왔다. 더구나 최근 연구결과에 따르면 혼자 사는 것이 흡연보다 더 신체 건강에 악영향을 미친다고 한다. 물론 독신 생활을 행복하게 즐기는 사람이 일찍 사망한다는 말은 아니겠지만, 인생과 사랑의 연관성에 대해 다시 한 번 생각해보게 되는 것만은 사실이다.

우리는 혼자서 살아가는 존재가 아니다. 지구상에 수십억의 사람들이 살고 있다는 사실 자체가 그것을 증명한다. 그럼에도, 가까운 사람들로부터 상처를 입거나 충격을 받았다는 이유로 다른 '인간'과의 접촉을 끊기를 원하는 사람들이 수백만 명에 이른다.

풀기 어려운 인간관계의 갈등을 슬기롭게 극복해낸 사람들이 자기 자신이나 그들의 자녀, 또는 애완동물을 더 잘 돌보는 것은 당연한 일이다. 다른 사람들의 우여곡절을 들어주고 그에 대응하는 일은 결코 쉽지 않다. 특히 그 사람이 당신을 힘들게 한다면 더욱 그럴 것이다.

그러나 당신이 누군가와 함께 생활하면서도 당신만의 자유를 확보하길 바란다면, 그 방법을 독창적으로 찾아내야 할 것이다.

다수는 '밤을 따로 보내는' 방법을 택한다. 그들은 안전한 경계를 설정해 상대방을 불안정하게 하지 않으면서도 각자의 시간을 확보한다. 잠들기 전의 전화 통화와 후속 대화("잘 잤어요?")만으로도 충분히 좋은 관계를 유지할 수 있다.

사랑하는 사람이 걸핏하면 틀어박히는 통에 매번 그(혹은 그녀)를 찾아가야한다면, 깊은 대화를 통해 그 행동의 이유가 무엇인지 살펴보기를 권한다. 그것은 당신으로 하여금 버림받는다는 느낌을 갖게 하며, 당신들의 깊은 사랑을 방해하는 요소다.

누군가에게 복수하기 위해 혼자 지내는 행동은 스스로에게도 상처를 준다. 이런 소극적 공격 행동이 그 순간에는 옳다고 여겨지겠지만 시간이 지나면 외로움이 닥쳐오는 것을 느끼게 된다. 처음에 당신에게 상처를 준 그 상황에 대해 그 누구와도 이야기를 나누지 않았기 때문이다. 그리고 당신을 괴롭히는 문제를 말하지 않는다면 그 괴로움은 결코 멈추지 않을 것이다.

스스로 고립을 선택하는 사람들은 우울증과 불안감과도 마주해야 한다. 그들은 혼자 있으면 다 나아지리라고 착각한다. 혼자 있는 모든 사람들이 감정 장애를 가지는 것은 아니지만, 당신 또한 어느 정도 우울하다는 기분이 든다면 전문가와 만나 진단을 받아보는 편이 좋다.

다른 사람들과 연락을 끊으면 안전하다거나 힘이 나는 기분이 들 수도 있지만 그것은 일시적인 느낌일 뿐이다. 게다가 주변에 당신의 존재를 확인시켜줄 다른 사람이 없다면 자신감을 가지기도 힘이 든다. 우리는 사회적 존재이며, 인생은 그것을 나눌 누군가가 주변에 있을 때 훨씬 더 큰 의미가 있다.

착하게 살아라

당신의 능력을 최대한으로 발휘해 체계적이고 목적이 뚜렷한 활동을 수행하면,
자신에 대한 긍정적 생각과 자신감이 불타오를 수밖에 없다.
— 브라이언 트레이시 Brian Tracy —

〈라이언 일병 구하기〉의 마지막 부분을 보면 구출된 노병사가 회한에 찬 목소리로 아내에게 자신이 올바르게 살았는지 묻는 장면이 나온다. 우리가 자신의 인생을 통해 세상을 좀 더 살기 좋은 곳으로 만들었다는 것을 깨닫는 것이야말로 자부심과 진정한 행복의 요체다. 그것은 디즈니월드로 여행을 가 느끼는 흥분과는 차원이 다르다. 당신이 세상에 뭔가 다른 것을 남겼다는 사실을 가슴 깊이 인식하는 데서 오는 기쁨인 것이다.

그 느낌을 과소평가하지 말라. 지역사회나 이 세상에 뭔가를 기여하는 일은 나뿐만 아니라 모든 사람들에게 엄청난 치유력을 발휘한다. 그것은 정신적 건강을 회복시키고 인간관계를 강화하며 내면적인 자산을

쌓는다. 물질적인 이익이 생기는 일은 아니지만 당신은 자신의 자존감에 투자함으로써 현금보다 훨씬 더 유익한 보상을 얻을 수 있다.

선한 삶을 살라는 것은 '올해의 봉사상'을 받아야한다거나, 당신이 사랑하는, 또는 필요한 것을 희생하라는 뜻이 아니다. 도움을 필요로 하는 누군가를 당장 도와줄 수 있다는 내면의 목소리에 귀 기울인다는 뜻이다.

모든 사람들이 생업을 접고 아프리카로 가서 구제 사업을 펼칠 수는 없다. 그러나 나는 우리 모두가 보다 형편이 어려운 사람들을 위해 뭔가를 베풀 수는 있다고 생각한다(정부 지원금에 미룰 것이 아니라 말이다). 지금 당장 기부금을 내놓을 수는 없다 하더라도, 아이디어와 감정적 지원, 혹은 당신의 이메일 목록 등은 제공할 수 있다. 다른 사람들의 참여를 이끌어 낼 방법을 찾는 것 또한 훌륭한 노력이며, 그것은 오랜 친구들과 다시금 연락을 취할 핑계거리도 될 수 있다.

나는 어떤 훌륭한 대의가 마음을 움직일 때 (기부를 위해) 도움을 요청할 명단을 가지고 있다. 그것이 바로 내가 선한 영향력을 발휘하는 방식인 것이다. 의외로 그들 또한 내 요청을 반긴다. 그들도 우리와 마찬가지로 해결책의 일부가 되기를 원한다. 자신이 세상의 변화에 기여했다는 사실을 알면 기분이 좋아지기 때문이다.

남에게 베풀면 자아의식이 강화된다. 그로 인해 두뇌에서 분비되는 화학물질은 우울증과 걱정거리를 감소시키고, 삶의 만족감을 높인다. 나는 괴팍한 사람들조차 자신이 다시는 만날 일이 없는 사람에게 희망의 이유를 주었다는 사실 때문에 미소를 짓는 모습을 많이 봤다.

괴로운 일을 겪거나 마음이 가라앉아있을 때는 낯선 사람으로부터 받은 아주 작은 호의도 당신의 삶에 큰 변화를 불러올 수 있다. 당신도 그런 경험을 한 적이 있다면 그 말이 무슨 뜻인지 알 것이다.

선한 삶은 얼마나 많이 베푸느냐가 아니라 얼마나 의미 있는 방식으로 베푸는가에 달렸다. 남에게 도움을 주는 건 돈이나 물질이 아니어도 된다. 때로는 친절한 말 한 마디와 내민 손이 당신이 줄 수 있는 가장 소중한 것이 될 수 있다.

사람은 발전한다

나는 날마다, 모든 면에서, 점점 더 나아진다.
— 에밀 쿠에 Emile Coue —

사람은 발전한다. 대개의 경우 스스로 달성하는 발전이다. 간혹 이 때 심리치료 같은 특수한 수단이 도움될 수 있겠지만 진정한 변화를 위해선 아래 같은 옛말부터 가슴깊이 새겨야 한다.

'뭔가를 진정으로 이루고 싶다면 변화부터 갈망해야 한다.'

심리치료사가 변화를 갈망하는 당신의 얘기를 잘 들어준다면 많은 도움을 얻는다. 누군가가 당신의 말에 완전히 집중해준다는 사실만으로도 큰 힘이 되며, 긍정적 변화를 향한 첫걸음이다.

그럼에도 불구하고, 나는 우리가 자신에 관한 많은 일들에 스스로 변화를 불러올 능력이 있다고 믿는다. 상담 전문가를 찾거나 자립에 관한 안내서를 집어들지 않고서도 말이다.

변화를 위해 가장 어려운 첫 단계는 변화가 필요하고 또 그러는 편이 좋다는 사실을 깨닫는 것이다. 이것이 힘든 이유는 자신의 결점을 직시하는 것부터가 어려운 일이기 때문이다.

때로는 삶을 긍정하는 경험만으로도 충분하다. 칼 융은 그것을 '영적 경험'이라고 불렀다. 안타깝게도 이 개념은 부당하게 비난받아 왔다. 많은 사람들은 영적 경험이라는 말을 듣자마자 어떤 거대한 사건, 즉 죽음에 이르는 체험이나 아주 소중한 누군가를 잃는 것과 같은 경험을 떠올린다.

그러나 실제로는 심오한 진리일수록 가장 작은 데서 발견할 수 있다. 많은 경우, 당신이 변화를 원한다는 사실을 깨닫는 것만으로도 어려운 상황 속에 하나의 전환점이 된다.

삶을 개선할 수 있는 가장 좋은 방법 중 하나는 당신이 존경하는 누군가가 삶을 개선하기 위해 어떤 변화를 시도했는지를 살펴보는 것이다. 이를 통해 우리도 더 나은 삶을 위해 무엇을 해야 하는지를 배울 수 있다.

조언이 필요하면 구하라. 자신의 삶과 행동을 진지하게 생각하는 사람들이라면 기꺼이 도와줄 것이다. 그러나 그들이 당신을 먼저 찾아줄 것이라고는 기대하지 말라.

가르침을 구하는 노력을 보임으로써 당신은 자기 개선의 의지를 드러내는 것이다. 누군가 조언과 상담을 해주려는 사람이 있다면, 그는 먼저 그 의지의 진정성을 확인하고 싶을 것이다.

진정한 변화를 가져오기 위한 또 다른 방법은 내면에서 일어나는 일을 지켜보는 것이다. 조용히 앉아 당신의 내부에서 진행되는 일을 느끼는 것은 당신의 상처를 치유하고 필요를 발견해 다음 단계로 발전하기 위한 검증된 방법이다. 가장 단순한 형태의 명상은 수분 동안 당신의 호흡(들숨과 날숨)에 집중하는 것이다. 이는 또한 행복을 증진시키는 방법이라는 것도 밝혀진 사실이다.

기분이 좋아지는 방법은 수백만 가지가 있지만, 그 모두에는 똑같은 자세가 필요하다. 변화를 원해야하고, 그 변화를 기꺼이 수용해야 한다는 것이다.

긍정적 사고의 힘

할 수 있다고 생각할 때 사람들은 진정으로 뛰어난 존재가 된다.
스스로에 대한 믿음은 성공의 첫 번째 비결이다.
— 노먼 빈센트 필 Norman Vincent Peale —

우리 모두는 시시때때로 스스로에게 부정적인 생각과 말을 건넨다. 그것은 어쩌면 정상적인 일이다. 불행히도 이런 식의 사고방식이 습관으로 굳어지면 당신은 삶을 즐기고, 목표를 성취하며, 심지어 사랑하는 사람을 찾는 것조차 힘들어지게 된다.

이런 습관을 차단하는 한 가지 방법은 부정적인 생각이 드는 순간 이를 알아차리는 것이다. 이후에야 그것을 긍정적인 생각으로 바꿀 수 있다. 머릿속이나 삶에서 일어나는 일을 의식하는 것은 긴장을 덜어주는 데 진정으로 도움이 된다.

스트레스를 받았다고 느낄 때는 인내심이라는 처방을 써보라. 즉,

생각을 그저 흘러가는 대로 맡겨둔 채 그 불편함이나 부정적 사고와 생각들이 머릿속에서 사라질 때까지 기다려보자고 스스로에게 말하는 것이다.

많은 경우 우리는 자신에 대해 좋지 않은 기분이 들 때 부정적 사고에 빠진다. 아마도 당신의 상사나 파트너, 혹은 부모가 당신에게 간섭했거나 약속을 지키지 않았을 때, 기분이 상할 것이다. 실제로 이런 것들은 세상을 살면서 피하기 어려운 일이다.

그러나 그 순간을 당신이 실제로 어떻게 느끼는지 인식함으로써 부정적인 기운을 변화시킬 수 있고 의도적으로 긍정적인 생각을 해 자신을 지킬 수 있다. 이것은 지나친 낙천주의자가 되는 것과는 다르다. 당신의 두뇌를 이용해 힘든 순간을 이겨내는 것은 긍정적인 방향으로 감정을 바꾸는 확실히 검증된 방법이다.

당신이 처한 상황이나 소유한 것에 대해 감사하는 일도 도움이 된다. 또한 고통스러운 감정과 상황이 당신의 삶을 갉아먹거나 피폐하게 만들지 않도록 하겠다고 결심해야 한다. 긍정적 사고의 힘을 이용해 나쁜 습관이 삶의 방식이 되도록 하지 않도록 하라.

다음은 당신이 노력을 시작하는 데 도움이 될 몇 가지 팁들이다.

- 어떤 정신이나 마음이 당신 삶에 도움이 되었는지 하나씩 열거해보자. 이것은 힘든 시기를 헤쳐 나가는 데 있어 힘을 결정하는 데 참고가 된다. 리스트를 만든 후엔 다른 어려운 때 어떤 굳은 심지로 상황을 헤쳐 갔는지를 계속 탐구하라.

- 스스로에게 이렇게 말하라. "나는 할 수 있다고 생각해." 또는 "내가 할 수 있다는 것을 알아."라고 말이다.

- "나는 아직도 멀었어."라고 생각하는 자신을 깨닫는 순간, 부정적 사고를 멈추고 이렇게 말하라. "아니야 그 생각은 취소야."
  그런 다음 "예전에도 성공했으니 또 다시 할 수 있어."와 같은 긍정적 사고를 발휘하라.

 머릿속의 마이너스 신호를 플러스 신호로 바꾸어야할 또 다른 이유는, 부정적 사고가 당신의 에너지를 빼앗아가는 반면, 긍정적 사고는 에너지를 더해주기 때문이다. 이런 단순한 수학 계산만 해봐도, 노력을 기울일 가치는 충분하다는 것을 알 수 있다.
 부정적 사고는 단지 습관에 그치지 않는다. 당신과 당신이 사랑하는 사람들에게 해가 된다. 특히나 당신이(또는 그들이) 그 생각을 믿기 시작한다면 말이다. 그러므로 머릿속에서 들려오는 그 우울한 방송을 끄고 당신의 행동과 자산 중에 좋은 것들에 주파수를 맞춰라. 당신의 세상은 그로 인해 더 나아질 것이다.

미루는 습관

모든 변명은 접어두고 이것만 기억하라. 진짜 당신은 유능하다.
— 지그 지글러 Zig Ziglar —

"문제를 해결하려고 한동안 생각해봤지만, 대안을 찾는 편이 훨씬 쉬울 것 같다."

일을 미루는 사람들이 입버릇처럼 하는 말이다. 오해하지 말라. 나 역시 끝까지 노력하지 않았다면 그 어떤 일도 성공하지 못했으리라고 생각한다. 당신이 해야 할 일에 전력을 다하지 않기 때문에 자신을 망치고 있다면 이제는 습관을 바꿀 때도 됐다. 여기 당신을 도와줄 몇 가지 팁이 있다.

타이밍이 가장 중요하다

당신이 미루는 일을 지금 하면 시간이 얼마나 걸리는지 측정해보라. 나는 설거지를 끔찍이도 싫어한다. 싱크대에 그릇을 산더미처럼 쌓아두기 일쑤이다. 그러다 몹시 바빴던 어느 날, 나는 마침 시계를 쳐다본 다음 비눗물에 손을 담갔다. 설거지가 끝나고 다시 시계를 보니 불과 6분이 지났을 뿐이었다. 그토록 미루기만 하던 일에 생각보다 훨씬 시간이 덜 든다는 것을 알고 나자, 그 일이 훨씬 쉬워졌다. 그리고 집에서 보내는 시간이 한층 더 즐거워졌다.

실행하라

미루기 도사들은 지름길이나 미룰 핑계를 찾는데 대부분의 시간을 허비한다. 그리고 늘 이렇게 말한다. "그건 제가 할 일이 아니에요."

또는 이렇게 생각한다.

'이 일을 누가 대신해줄 사람이 없을까.'

그러나 사실은 주어진 일을 곧바로 처리해 버려야 오히려 여유 시간이 생겨 당신이 원하는 대로 마음껏 쓸 수 있다.

두려움과 맞서라

실패할까 봐 그 일을 자꾸만 미룬다면 기분이 좋을 리가 없다. 어떤 일이 두려울 때는 파트너나 친구에게 도움을 요청하는 편이 좋다. 많은 사람들은 그저 동료가 곁에 있는 것만으로 격려를 얻는다. 두려움은 우리 인생에서 많은 것들을 가로막는다. 그것을 극복해내면 당신과 당신의 인간관계는 더욱 강해질 것이다.

쉬는 시간을 계획하라

우리는 때로 단지 피곤하기 때문에 해야 할 일을 미루곤 한다. 문제를 해결하는 가장 좋은 방법은 할 일을 완수한 후 낮잠이나 휴식시간과 같은 보상을 스스로에게 선사하는 것이다. 휴식은 반드시 필요한 것이다. 그 누구도 항상 부지런할 수는 없으며, 좋은 휴식은 당신을 더욱 기민하게 해준다.

미루는 습관을 버리는 건 좋은 일이지만, 그렇다고 자신을 닦달할 필요는 없다. 그런 습관은 하룻밤 사이에 생긴 것이 아니며, 한 번의 생각만으로 그것이 사라지는 것은 더더욱 아니다. 차근차근 단계별로 착실히 인생을 살다보면 자신도 모르는 사이에 더욱 생산적인 삶의 방식을 익히게 될 것이다.

반응하지 말고 대응하라

자신의 의견을 지키기 위해 싸워라.
그러나 그것이 전부라거나 유일한 진리라고 믿지는 말라.
— 찰스 A. 데이나 Charles A. Dana —

자극에 '반응'하지 말고 '대응'해야 한다. 그래야 불필요한 고통을 예방할 수 있다.

그동안 아무 생각 없이 그저 반응하는 바람에 어떤 일을 겪었는가? 중요한 누군가에게 소리를 지른 적은 없는가? 관계를 원상회복하는 데 몇 시간, 또는 며칠이 걸리지 않았는가? 그 일을 되돌아보면서 다른 식으로 대응할 수도 있었을 텐데 하는 생각이 들지는 않았는가?

대다수의 사람들은 두려움에 반응한다. 최근의 경제 위기 여파로 각계각층의 사람들 모두 어느 정도는 불안을 안고 산다. 불안감은 때로 관계를 손상시킬 정도의 행동을 촉발한다. 힘들고 위협적인 상황에서 당신이 어떻게 반응하는지를 살피는 것은 어려운 역학관계를 변화시킬 첫걸음이다.

당신이 자극에 단순 반응하는 순간, 스스로 희생자가 되는 동시에 또 한 명의 희생자를 낳는 셈이다. 상황을 통제하기 위해서는 스스로에게 반응이 아닌 '대응'을 하라고 가르쳐야만 한다. 그렇게 할 때, 당신은 결과에 엄청난 차이가 벌어진다는 사실을 경험하게 될 것이다. 문제해결이 훨씬 쉬워질 것이며, 과거 당신의 반응에 안좋게 대처해야 했던 사람들도 긍정적으로 대응하는 것을 보게 될 것이다.

가장 좋은 점은 아마도 당신의 과거 행동으로 말미암은 스트레스나 의기소침한 기분을 더 이상 느끼지 않게 될 것이라는 점이다. 인간관계에서 대화가 부드럽게 풀리면 과제는 더욱 빨리 완수되고, 감정 상하는 일은 줄어든다. 기분이 좋아지는 일을 할 시간은 반대로 더 늘어나게 된다. 중요한 사람이나 동료에게 상처를 주지도 않으면서 말이다.

또한, 매일 나누는 상호작용과 대화의 수준도 더 높아진다. 당신이 세상을 인식하는 방식부터 달라진다는 것을 느끼게 될 것이다. 사람들이 당신을 괴롭히기보다는 당신에게 베풀기 시작한다. 이런 상태에 도달하기 위해 당신이 할 일이라고는 그저 말하기 전에 생각하는 것뿐이다.

당신의 파괴적인 행동을 건설적인 행동으로 변화시키는 가장 쉬운 방법은 그저 자신을 살피면서 "내가 대응하고 있는가, 반응만 하고 있는가?"하는 질문을 던지는 일이다.

약간의 연습은 필요하겠지만, 당신이 신뢰하거나 사랑하는 상대방과 그 과정을 상의해보라. 아마 그도 어느 정도는 당신의 노력에 협조하거나 참여하기를 원할 것이다. 기존에 쌓인 반응의 여파에도 적절한 변화가 오도록 서로 도울 수 있다. 두 사람은 서로의 동의 하에 둘 중 누군가가 단순 반응의 행동을 보일 때 태도를 바꾸라는 신호나 문장을 정해두는 것도 좋다. 당신들의 대화나 관계에 영향을 미치지 않으면서도 상대방이 태도를 바꿀 수 있는 여건을 조성할 수 있다. 변화를 위한 안전한 방법을 마련해둔다면 변화는 곧 일어나게 될 것이다.

그러므로 지금 당장, 만약 다른 사람이 당신을 진심으로 이해해준다면 당신의 기분이 어떨지 잠시 생각해보라. 그때 내면에서 느껴지는 따뜻한 기분, 그것이 바로 반응 대신 대응을 선택한 결과다.

유머가 가진 치유력

우리가 두 배로 젊어지고 두 배로 나이 든다면
모든 실수를 고칠 수 있을 것이다.
- 유리피데스 Euripedes -

매일 웃으면 자존감을 높일 수 있고 수명 또한 8년이나 연장시킬 수 있는 연구 결과가 있다. 크게 웃는 것이 브로콜리를 먹는 것보다 더 몸에 좋다는 사실을 누가 알았겠는가?

사실 이런 지식은 꽤 오랫동안 알려져 왔다. 〈웃음의 치유력 Anatomy of an Illness〉의 저자 노먼 커즌스 Norman Cousins가 '바보 삼총사 Three Stooges'와 '막스 브러더스 Marx Brothers' 영화를 보며 곧잘 웃었다는 사실을 기억하는가? 그의 경험은 그에게 정신면역학 psycho-immunology이란 학문을 창시해야한다는 확신을 줬다. 그것은 사고방식이 건강에 어떤 영향을 미치는지를 연구하는 학문이다. 그의 획기적인 연구를 바탕으로 웃음과 유머가 가진 치유력과 이를 상담 및 의료에 활용하는 많은 이론이 발전했다.

나는 고객들이 자녀 교육 문제를 어려움을 겪거나 자기 자신을 깊이 성찰할 때, 혹은 스스로에 대해 회의가 들 때, 유머를 해결책으로 사용해 보길 권한다. 유머는 우리 인간이 가진 도구 중에서 가장 적게 활용되는 것 중 하나다. 웃는 사람들이 많아진다면 항우울제의 판매량과 함께 이혼 및 자살률이 급격히 낮아질 것이다.

유머감각은 인간관계에도 강력한 효과를 발휘한다. 연인들이 서로의 행동에서 유머를 발휘하는 법을 배운다면, 말다툼이 일어나더라도 오래도록 그들의 관계를 성공적으로 이어갈 수 있고, 그들의 인생 자체가 확연히 더 나아질 것이다.

당신이 누군가에게 웃음을 허락할 때, 당신은 그에게 자기 본연의 모습을 허락하는 셈이며 그것이 바로 부드러운 유머가 그토록 치유력을 발휘하는 이유다. 우리는 안전함을 느끼고 상대방을 믿을 수 있을 때에야 비로소 진심을 드러낸다.

다른 사람을 웃게 만드는 능력은 재능 이상의 것이다. 그것을 경험한 사람에게 그것은 일종의 선물이다. 스스로에 대해 또는 주변 세상에 대해 웃을 줄 아는 것도 그와 마찬가지로 소중한 일이다. 웃음은 가장 어두운 밤을 극복하고 너무나 힘든 나날을 이겨내는 원동력이다. 당신의 삶을 살펴보면, 얄궂은 운명의 순간에도 싱긋 미소 지을 수 있고, 스스로 자초한 힘든 시기에조차 크게 웃을 수 있다는 사실을 알 수 있을 것이다.

웃을 일도 많지 않지만 같이 웃을 사람을 찾는 것조차 때로는 힘들 수 있다. 당신은 정말로 재미있다고 생각해서 말했는데 아무도 호응해주지 않을 때도 있다. 때로는 삶에 여유가 없어 조금이라도 가벼운 기분을 느낄 수 없는 경우도 있다.

이럴 때일수록 잠시 틈을 내 재미있는 코미디를 보는 게 좋다. 우스운 책을 읽거나 코미디 클럽에 갈 수도 있다. 자신에게 선사하는 웃음의 휴식은 자신감을 높이고, 스트레스를 낮추며, 긴장을 풀어주고, 최소한 잠깐만이라도 당신의 어려움을 잊게 해준다.

나는 크게 웃는 시간이 매일 필요하다고 믿지만, 자신을 존중하는 느낌을 계속 유지하기 위해 최소한 일주일에 한번은 웃어야한다. 그러니 만화를 챙겨보거나 재미있는 시트콤을 시청하라. 킬킬거리며 웃을 수 있는 것이라면 무엇이든 좋다는 것이 필자의 처방이다.

장미꽃 향기를 맡으라, 지금 당장!

> 나이가 들수록, 태어난 것도 그리 오랜 옛날이 아니라는 생각이 들 것이다.
> 세월은 점점 빨리 흘러간다.
> — 윌리엄 딘 하월스 William Dean Howells —

'쫓기며 사는 삶'은 가정의 일상이 되고 말았다. 일이 끝나자마자 시간에 맞춰 아이들을 데리고 장을 본 다음, 집으로 달려가 저녁을 준비하고 아이들 숙제를 돌보면서 다음 날을 준비했던 때가 얼마나 많았는지 생각해 보라.

어느 누가 이런 압박 속에서 긍정적인 마음과 여유를 잃지 않을 수 있을지 잘 모르겠다. 다행히도, 시간을 통제해 일을 끝낼 방법을 찾고, 동시에 인간적인 삶을 즐길 수 있는 많은 방법이 있다.

당신에게 휴식이 필요하다는 사실을 확신할 수 없다면, 다음과 같은 사실을 깨닫기 바란다. 정기적으로 휴식을 취하지 않는 사람은 체중이

증가하고, 우울증에 빠지기 쉬우며, 인간관계에 문제도 더 많아진다는 과학적 사실을 말이다. 나쁜 상황을 예방하기 위해선 느긋한 태도를 가져야 한다. 그러려면 먼저 시간을 내야한다.

처음에는 당신도 휴가를 떠나보면 어떨까 하고 생각했을 것이다. 대부분의 사람들은 휴식이라고 하면 산들바람이 부는 이국적인 해변을 떠올린다. 우습게도 그런 생각을 하는 것 자체가 실제로 휴가를 떠나는 것보다 훨씬 더 평온한 경험이다! 당신이 좋아하는 해변에서 빈둥대는 자신의 모습을 몇 분만 상상하면 마음이 느긋해지면서 뇌파와 맥박, 그리고 혈압까지 안정될 것이다. 더구나 그곳에 가기 위해 공항 보안검색대를 통과할 필요도 없다.

사는 것이 너무 바쁘고 힘들 때면 당신이 기울인 노력에 합당한 보상을 얻고 있는지 따져보고 싶어진다. 당신이 출세가도를 달리는 중이든, 생존을 위해 겨우 버티는 중이든 상관없이 속도를 조금 늦춘다고 해서 당신이 두려워하는 것만큼 수입이나 목표에 차질이 빚어지지는 않을 것이다.

나는 훌륭한 경력을 갖췄으면서도 적절히 휴식을 취할 줄 아는 사람들을 많이 알고 있다. 대부분 사회에서 성공한 이들이다. 장소에 상관없이 몇 시간, 혹은 단 10분간의 틈만 내도 당신의 삶의 질을 높이는 데 진정으로 큰 도움을 줄 것이다.

시간을 더 낼 수는 없다고 생각할지도 모른다. 가장 중요한 것은 그 여유에 우선순위를 두는 것이다. 실제로 균형 잡힌 정서생활을 위해서는 정기적인 휴식이 필요하다. 가끔씩이라도 쉬지 않는다면 일의 능률은 떨어진다.

　사람들은 스트레스와 과로 때문에 죽기도 하지만, 아예 태어나지 못한 것만큼 슬프지는 않다. 이 세상에 태어나지 않으면 장미꽃 향기를 맡아볼 시간도 없기 때문이다. 당신이 꼭 해야 할 일은 석양을 바라보고 새 지저귀는 소리를 듣거나, 어린 아기 얼굴에서 나는 냄새를 맡아보는 시간을 내는 것이다. 그것이 온천 휴가는 아닐지라도 당신이 보다 오래, 그리고 더 달콤하게 살도록 해줄 것이다.

불안감을 돌파하라

지옥을 지나는 중이라면, 계속 전진하라.
— 윈스턴 처칠 Winston Churchill —

당신은 다음날을 위한 멋진 계획을 세웠다. 에너지를 비축하기 위해 일찍 잠자리에 들기까지 했다. 그런데 사건이 생겼다. 한밤중에 왠지 모를 불안감이 당신의 무의식을 급습했을 수도 있고, 아침 일찍 전화가 왔거나 누가 깨웠을 수 있다. 미처 예상치 못한 문제가 발생했을 가능성도 있다. 어찌됐건 이 때 당신의 완벽한 계획에는 차질이 생긴다.

예상치 못한 일이 일어날 때, 우리는 대개 불안해진다. 때로는 완전히 넋이 나갈 지경에 이른다. 사람이라면 누구나 겪는 일이지만, 문제는 거의 모든 사람들이 일이 잘못될 때마다 방향을 잃은 나머지 다시 정상궤도로 돌아오는 데 어려움을 겪는다는 사실이다.

당면한 문제만 파고들어 정작 필요로 하는 일을 멀리하지 말아야 한다. 애초에 당신이 하려던 일에 집중하라. 그렇게 상황에 휩쓸리지 않게 노력하면 당신은 계속해서 분위기를 주도할 수 있다. 현재의 환경에 굴하지 않고 굳건히 목표를 완수해낸다면, 자신감을 얻어 결코 후퇴하지 않을 것이다.

압박을 겪는 상황에서도 집중력을 발휘해 업무를 완수한 후엔 어떤 일이 일어나더라도 내면의 목소리와 핑계들을 피할 수 있다는 교훈을 얻는다. 잠시 후퇴하더라도 해야 할 일을 하면 자부심이 생긴다. 이는 또 다른 긍정적 효과를 발휘한다. 즉, 불안감을 안겨준 문제에 더욱 집중할 수 있는 능력이 생긴다. 당신이 끝내지 못한 일에 대해서는 더 이상 생각하지 않아 나타나는 힘이다.

문제해결 방법을 찾아 실행하는 데 당신의 무의식을 사용할 수 있다. 해결하고자 하는 문제를 머릿속에서 잠시 내려뒀을 때 더 좋은 생각이 떠올랐던 경험은 누구나 한번쯤 해봤을 것이다.

정신없이 바쁘기만 한 채 애초에 계획했던 것을 망각하는 태도는 그 누구에게도 도움이 되지 않는다. 반대로 모든 일이 엉망이 된 것처럼 보여도 주변 사람들이 당신이 과업을 완수해내는 모습을 지켜본다면, 모두들 당신을 더욱 신뢰하게 될 것이다.

긴급 상황이 닥치더라도 그 일을 당신이 지금 꼭 해야 하는지 다시 한 번 확인하라. 해야 할 숙제를 끝낸 후에도 얼마든지 세상을 구할 수 있다.

말더듬 콤플렉스를 극복한 왕

왕이 말더듬 장애를 극복하는 과정을 그린 영화 '킹스 스피치 The King's Speech'.

1939년 주인공 버티(조지6세의 애칭)는 왕위를 포기한 형 때문에 본의 아니게 왕위에 오르게 된다. 그는 사람들 앞에만 서면 말을 더듬는 콤플렉스가 있었다. 아내 엘리자베스 왕비의 소개로 버티는 괴짜 언어치료사 라이오넬 로그를 만나 말더듬증 치료를 받는다. 좌충우돌 치료법을 통해 말더듬 장애를 극복한 왕이 완벽하게 연설하는 장면으로 영화는 끝난다.

'나는 못해!'라고 포기하는 왕에게 언어치료사는 '할 수 있어요'라며 자신감을 북돋아 준다. 말더듬 장애를 극복하기 위해서는 언어치료법과 함께 자신감 치료가 필요하다. 자신감을 얻기 위해서는 스스로 노력해야 하지만 이 영화의 라이오넬처럼 옆에서 격려해 주는 사람이 있으면 훨씬 도움이 된다.

자신감이 부족해 망설이는 이들에게 '당신은 할 수 있어요'라고 말해주는 건 어떨까?

4

세상일이란 나빠질 때도, 좋아질 때도 있다

인생이 내 편이라는 믿음을 가지면, 이 세상이 나를 위협한다는 두려움도 극복할 수 있다. 마음 졸이며 주저할 필요가 없어 자신감도 성장한다. 인생과 친구가 되면 삶을 즐길 수 있고 더 나아가 주도적으로 삶을 이끌어갈 수도 있다.

주변을 정돈하고 마음을 바로 잡아라

책상이 깨끗해지면 마음이 아프다는 신호다.
— 앨버트 아인슈타인 Albert Einstein —

나는 내 라디오 쇼에서 정리정돈의 전도사 피터 월시Peter Walsh를 인터뷰한 적이 있다. 우리가 방송을 막 시작하기 전에 KCLU의 국장 메리 올슨Mary Olson은, "그녀의 책상 위는 항상 엉망이지만 모든 게 어디 있는지 안다"고 말했다. 그러자 피터가 이렇게 답했다.

"그래서 제가 부자가 된 겁니다."

나는 책상 위에 매우 중요한 내용을 적어놓은 서류(혹은 그저 쪽지)를 찾지 못해 스스로를 책망한 적이 너무 많다. 이럴 때면 나는 자신감이 떨어지고 불안이 엄습해오는 것을 느낀다. 그것은 언제나 기분 나쁜 경험이다. 그러면서도 그 망할 놈의 서류를 계속 정리하는 것은 매우 힘든 일이며, 나만 그런 것도 아니라는 사실을 안다.

사실 나는 가끔씩 책상을 정리하는 게 좋은 해결책이라고 생각한다. 그렇게 하면 모든 것이 어디 있는지 알 수 있고 갑자기 서류를 찾아야할 때 사소한 절망을 겪을 일도 줄어든다.

나는 이를 규칙적으로 하지는 못한다. 서류 더미 때문에 책상 위가 보이지 않을 때가 돼서야 마치 율리시스가 심사숙고 후에 내린 결심이기라도 하듯 서류를 찾아 나선다.

과업을 완수한 후에는 큰 만족감을 느낀다. 쓸모없는 서류는 찢어버리고, 유효기간이 지난 쿠폰은 버린 후에야 정돈이 됐다는 느낌과 함께 좀 더 자신감을 얻게 된다.

그것은 사소한 일인 것 같지만 그 사소한 일들이 모이면 크고 강력한 일이 된다. 일단 시도하라! 스스로에 대해 기분이 좋아질 뿐만 아니라 양말 한 짝씩을 놓아둔 그곳에서 당신이 생각하던 몇 가지 물건을 찾아낼 지도 모른다.

숨어있던 끼를 발산하라

자신감은 성공의 친구이다.
– 무명씨 –

첨단기기에 도통함으로써(혹은 당신이 나처럼 컴맹이라면, 그저 기초만 앎으로써) 얻는 자부심은 의외로 크다. 끊임없이 발전하는 기계는 우리를 정말 미치게 만든다. 그 기계가 우리 생활을 아무리 편리하게 한다고 하더라도 말이다. 신기술은 우리가 새롭게 뭔가를 배우는 계기가 된다. 두뇌 세포를 활성화하고 치매를 예방하는 효과도 있다.

컴퓨터가 고장 나면 왜 그다지도 감정적 스트레스가 쌓이는지 의아하게 생각해본 적 없는가? 그건 아마도 사람은 어떻게 해야 고칠 수 있는지 모르는 문제 앞에서 불안감을 느끼기 때문인지도 모른다. '일을 끝낼 수 있을까?' '잃어버린 것은 없나?' '수리비용은 얼마나 될까?' '누구에게 도움을 요청해야 하지?' '시간은 얼마나 걸릴까?' 등의 걱정 말이다. 게다가 이런 것은 아주 기초적인 질문에 불과하다.

갖가지 질문을 떠올리는 동안 체내에는 아드레날린과 코티솔이 솟구친다. 식은땀이 흐르고 오금이 저리는 등 온 몸에서 느껴지는 불안감도 든다. 기분이 매우 나빠지며 도무지 집중을 할 수가 없게 되는 것이다. 설사 그 문제가 빨리 해결된다 해도, 갑자기 찾아온 공황상태에서 벗어나는 데 몇 시간 정도는 걸린다. 이런 상태에 처하는 것은 당신의 자신감이나 행복한 삶에 별로 좋을 게 없다.

컴퓨터의 작동 원리를 이해하고, 프로그램을 능숙하게 조작해 원하는 일을 마음껏 할 수 있게 되면 창의적이면서 똑똑한 사람이 됐다는 기분을 누릴 수 있다. 또한 필요한 일을 할 수 있거나 어떤 문제를 잘 피할 수 있다면 내적 자원과 영감을 훨씬 더 잘 활용할 수 있다.

새로운 것을 배우는 일은 정신의 성장 중추를 자극한다. 다음에 해야 할 일이 무엇인지 파악하는 능력을 배양하는 것이다. 문제를 해결할 수 있다는 생각에서 오는 자신감은 문제가 발생하기 전부터 커다란 자유를 선사한다. 압박감을 느끼기보다는 스스로 먼저 문제에 달려들 수 있게 해준다.

당신은 마치 곡예 비행사처럼 일을 자유롭게 해치우고, 마이크로소프트 엑셀을 이리저리 갖고 놀며, 안셀 애덤스(Ansel Adams, 미국의 유명한 사진작가 - 옮긴이)가 부러워할 정도의 포토샵 실력을 과시할 수 있다. 뿐만 아니라 새로운 과제를 성취할 때마다 자기 자신이 무척이나 자랑스러워질 것이다. 그야말로 꿩 먹고 알 먹는 셈이다.

일주일에 한 두 시간 대부분 온라인에서 제공되는 수업을 듣는 데 투자하면, 배우길 원하는 컴퓨터 프로그램을 신속하게 마스터할 수 있다. 그렇게 되면, 자기 능력으로 창조물을 만들어 세상 사람들과 나눌 수 있다.

소셜 네트워킹을 활용하는 것만으로도 세상의 다양한 분야에서 일어나는 일을 접할 수 있다. 트위터, 블로그 등을 통해 수많은 사람들이 살아가는 모습을 만날 수 있다. 컴퓨터를 다루는 방식만 알면 다른 사람들과 쉽게 연결될 수 있는 것이다. 그것이야말로 정말로 자신감을 얻는 방법이다.

자 이제 새 노트북 컴퓨터를 사거나 아이들이 가진 것을 잠깐 빌리라. 배우고 익혀 세상 사람들을 따라잡아야할 때다.

고치고 느껴라

> 편안한 노후는 열심히 산 젊은 시절의 보상이다. 슬프고 우울하게 늙어갈 것을 걱정할 것이 아니라, 더 좋은 세상에서 영원한 젊음을 누릴 희망을 품을 수 있어야 한다.
>
> ─ R. 파머 R. Palmer ─

요즘에는 가능하면 몇 푼이라도 아끼는 게 보통이다. 개인적으로도 기계 다루는 솜씨는 전혀 없지만, 서투르게나마 기계를 다루며 때로는 직접 수리하기도 한다. 잔디깎기 기계로 풀을 듬성듬성 깎아본 적이 있다. 집안일에는 완전히 젬병이지만 없는 솜씨라도 발휘해 주변을 정리하노라면 내 생활 전반에 만족감이 든다. 완전히 성공하지 못한 경우에도 말이다.

당신이 특정 분야에 재능이 없다고 해서 최소한의 스킬도 갖추지 못한다는 법은 없다. 우리 모두에게 기대에 미치지 못하는 영역은 있지만, 긍정적인 뭔가를 성취하기 위해 개인적 문제는 잠깐 제쳐둘 수 있는 능력은 가지고 있다. 생각해보라. 앞을 향해 일을 진척시켜나갈 때 기분이 좋아지지 않는가? 대부분은 그럴 것이다. 누구나 긍정적인 감정을 좋아한다. 이를 위해 거실을 도배하거나 고장난 물건을 수리하는 일도 불사한다.

본격적으로 일에 착수하기 전에, 특히나 그것이 낯선 일인 경우라면, 다른 각도에서 생각해보자. 마치 먹이를 앞에 두고 어슬렁거리는 사자처럼, 구석구석을 살펴보자. 안내서도 읽고(안내서가 있다면), 가능하면 누군가에게 도움도 요청하라. 주변에 누군가가 있다는 것만으로 당신은 중요한 정신적 지원을 얻을 수 있다. 직접적으로 일을 대신해주진 않겠지만 말이다.

비록 당신은 타이어를 바꿔 끼우는 법을 알 필요가 없다고 생각할지 모르지만, 그 일을 해야만 하는 때가 언젠가 올지 모른다. 오토클럽이나 기타 관련 서비스에 가입했을 수도 있지만, 당신의 차가 새 차이거나, 혹은 한 번도 도시를 떠난 적이 없을 경우에는 타이어를 갈아 끼우는 법을 사전에 알아둬야 한다. 막상 일이 닥쳐 한밤중에 지저분한 길가에서 그 일을 하는 것보다는 집 앞 진입로에서 한번 연습하는 게 훨씬 더 낫다.

대개 우리는 배워둘 필요가 있는 일을 찾느라 애쓸 필요가 없다. 그런 일은 매일매일 마주친다. 적극적인 태도는 시간과 돈, 그리고 엄청난 고민을 미리 아낄 수 있다. 더구나 '직무 기술서' 범위를 벗어난 일에 도전하는 습관을 들이면 사는 것이 훨씬 쉬워진다. 새롭고 도전적인 상황에 대처할 수 있다는 자신감을 얻을 수 있기 때문이다.

선명하게 상상하라

삶이 당신을 좌절시키도록 하지 말라. 모든 사람은 현재의 자리에 이르기 위해
자신이 처한 자리에서부터 출발했다.
― 리처드 L. 에번스 Richard L. Evans ―

컴퓨터상이든 앨범 속에서든, 당신이 살아온 역사를 되돌아보는 일은 그동안 발전해온 과정을 되새겨보는 훌륭한 방법이다.

아마도 당신은 한때 능력을 충분히 발휘하지 못하는 수줍은 사람이었거나, 학교에서 어려움을 겪은 학생이었을 수 있다. 그럼에도 불구하고 지금은 경영자나 혹은 직접 회사를 차렸을 수도 있다. 어쨌든 그동안 당신은 자신감과 한두 가지의 스킬을 분명히 개발해왔다.

개인이나 가족사를 살펴봄으로써 당신은 어떤 순간 혹은 행동을 돌파한 중요한 사건이나 패턴을 발견할 수 있을 것이다. 우리 모두에게는 과거가 있으며 슬픈 기억 속에도 성장과 변화의 시간이 포함돼 있다. 흘

러간 날들의 사진은 당신이 어떤 사람이었는지를 알려주며, 앞으로의 목표에 대해 다소 다른 관점을 제공한다.

그것은 또한 당신의 자아의식을 살펴보는 데 도움을 준다. 어쩌면 당신은 실의에 빠져있거나 걱정을 안고 있었을지 모른다. 사진기록이 없는 기간이 있을 수도 있는데, 그럴 경우 왜 카메라를 가지고 다니지 않았는지, 또는 사진을 찍고 싶지 않았는지를 생각해보자. 어떤 가족들은 아마도 사진을 찍을 형편이 안 됐을 수도 있다. 어떤 가족은 너무 바쁘거나 정신이 없었을 것이다. 어떤 가족은 슬프게도 누군가나 특정 장소를 싫어해서 기억을 남기고 싶지 않았을지도 모른다.

때문에 여백마저도 깊은 의미를 간직하고 있으며, 당신의 최고의 자아실현을 위한 깨달음에 기여하는 바가 크다. 잠시 시간을 내 과거의 자신과 당신을 사랑했던 사람들을 생각해본다면, 틀림없이 보다 담대한 자신감을 갖게 될 것이다.

자신감 일기를 써라

먼저 자신의 일에 대해 기대감을 품어야 그 일을 할 수 있다.
― 마이클 조던 Michael Jordan ―

자신감 일기를 쓰는 습관은 확실한 효과가 있다. 일기 쓰기의 아름다움은 그 단순함에 있다. 일기장에 자신 있는 일을 다섯 가지만 나열해 써보라. 이것을 매일 실천하면 당신의 사고방식과 감정에 변화가 일어난다. 잠들기 직전에 하는 것이 좋다. 자는 동안 그 자신감이 당신의 무의식에 스며들 것이기 때문이다. 다음날 자신감을 가지고 눈을 뜰 수 있을 뿐 아니라 스트레스도 줄어들며 보다 행복해질 수 있다.

너무나 간단한 일이라 무슨 효과가 있을까 싶을 수도 있겠지만, 엄청난 효력을 발휘한다. 특히나 힘든 일을 겪고 있는 경우라면 말이다. 생각해보라. 당신이 개인적인 사정이나 세상일로 끊임없이 골치를 앓는다면, 사고가 위축돼 어려움을 벗어날 방법을 찾기가 점점 더 어려워질 것이다.

자신감 일기라는 방법을 사용하면 긍정적 사고와 감정이 당신의 정신을 따뜻하게 녹여 천천히, 그러나 확실히 당신의 인생관을 바꾼다. 또한 주위의 사람들과 문제에 효과를 발휘한다. 당신이 부정적인 태도를 가지고 있을 때는 자신과 주변에 대해 좋은 생각을 가지기 매우 힘들다. 삶이 즐겁지 못하면 탈출구를 찾아내는 일이 훨씬 더 어려워진다. 이런 일기를 쓰는 습관은 당신이 좀 더 평안한 마음과 더 많은 성공의 길을 찾는 데 도움을 준다.

눈에 보이는 것이 최악의 상황뿐이라면, 단 몇 분 만이라도 내면의 감정을 바꿔본다. 두뇌의 화학작용에 변화를 일으키고 긍정적 사고와 행동의 문을 열 수 있다.

마이클 조던이 말했듯이, 당신은 먼저 자신의 일에 기대감을 품어야 한다. 자신감 일기를 꼬박꼬박 쓰면 당신의 마음에 기대를 성취할 여유와 동기를 싹틔우게 한다. 그것은 아주 간단한 일이다. 마음 먹은 바를 실행할 시간은 바로 지금이다.

세상은 내 편이다

우리 모두는 온 우주를 친구로 여겨야한다.
― 앨버트 아인슈타인 Albert Einstein ―

인생이 내 편이라는 믿음을 가지면, 이 세상이 나를 위협한다는 두려움도 극복할 수 있다. 마음 졸이며 주저할 필요가 없어 자신감도 성장한다. 인생과 친구가 되면 삶을 즐길 수 있고 더 나아가 주도적으로 삶을 이끌어갈 수도 있다.

    인생은 쉽거나 공정하지만은 않다. 모두에게 마찬가지다. 그러나 흡사 전쟁터에 나간 것처럼 인생과 일을 대한다면 당신의 노력은 언젠가 폭탄을 맞은 건물처럼 피폐해질 것이다. 빈껍데기만 남은 삶을 원하지 않는다면 당신의 태도를 바꿔야 한다.

    세상은 우리를 벌주려고 존재하는 게 아니다. 우리는 벌을 받아 또 다른 도움을 필요로 하기에는 너무나 훌륭한 존재들이다. 그런 두려움을 안고 세상을 살아가는 것은 마치 당신의 자신감과 창의성을 지혈대로 꽉 막고 있는 것과 같다. 우리는 모두 살다보면 재앙을 겪지만 그렇다고 우리의 삶이 그 자체로 재앙이 아니다.

누구나 절망에 빠질 수는 있지만 그것이 습관화됐다면, 앞으로 전진하기 위해 모종의 변화를 시도해야한다. 악순환을 깨기 위해서는 먼저 자신이 '곰돌이 푸우' 만화에 등장하는 캐릭터 중 티거(활발한 호랑이)가 아니라 이요르(우울한 당나귀)에 가까운 성격을 갖고 있다는 사실을 인정하자. 이를 기반으로 좀 더 긍정적인 면을 키울 수 있다. 그 깨달음 자체가 바로 자신감을 키우는 첫걸음이며, 그 방향을 향해 나아가는 모든 행동은 당신을 보다 강하게 만들 것이다.

세상일이란 나빠질 때도, 좋아질 때도 있는 법이다. 불황은 언젠가 멈추며, 사람들은 다시 새로운 일자리를 찾고 인간관계를 맺어나간다. 인생은 계속되는 것이다. 조금만 더 자신감과 긍정적 태도를 가지고 인생을 대한다면 당신은 그 경험 속에서 훨씬 많은 것을 얻게 된다. 나는 인생이란 한계가 있는 기회의 창이라고 본다. 따라서 성과가 나지 않는 일에 너무 많은 시간을 허비하지 않는다. 그보다는 아인슈타인 박사가 남긴 교훈을 실천한다. 즉, 세상은 진정으로 나의 편이라고 생각하는 것이다. 어떤 일이 생각대로 되지 않을 때는 다른 방향으로 초점을 옮겨야 한다.

인생을 살펴보면 스포츠와 사업, 육아에 이르는 당신의 모든 행동이 당신의 경험과 지식을 형성했음을 깨닫게 될 것이다. 여기에서 나온 에너지는 늘 돌고 돈다. 당신이 비록 록스타가 되려는 꿈을 이루지 못했다 해도, 무대와 거울 앞에서 빗을 마이크 삼아 연습하면서 보냈던 바로 그 시간들 덕분에 현재 의사소통의 달인이 될 수 있다.

좋은 것이든 나쁜 것이든 당신의 모든 경험이 합해져 오늘의 당신을 만들어냈다. 왜 어떤 일은 제대로 되지 않는지 전부 이해할 수는 없다 해도, 결국엔 우리의 노력이 결실을 맺게 돼있다. '세상이 내 편'이라는 믿음은 언젠가 당신에게 보답한다. 이로 인해 당신은 더 큰 자신감을 얻게 될 것이다.

생각을 감시하라

할 수 있다고 생각하는 사람은 머지않아 승리자가 된다.
- 리처드 바크 Richard Bach -

우리가 하루 동안 떠올리는 무수한 생각 중 80퍼센트가 부정적이라는 연구 결과가 있다. 과학은 우리가 부정적인 생각을 떠올리는 이유로 그것이 우리 DNA에 각인된 본능이기 때문이라고 설명한다. 함정이 있는 위치를 기억해서 거기에 빠지지 않도록 조심해야 했다는 따위의 이유다. 그러나 이제 시대는 바뀌었다. 우리의 사고방식도 진화했다.

　부정적인 생각이 부정적인 일을 초래한다는 것은 굳이 로켓 과학자가 되거나, 놀라 움츠러들지 않고도 알 수 있는 사실이다. 긍정적인 사고를 유지하고자 하는 우리들이 맞닥뜨린 도전은 뇌리를 파고드는 나쁜 생각의 흐름을 멈추는 일이다.

이제는 많은 사람들이 알고 있듯이, 첫 번째 단계는 당신이 부정적인 생각을 하고 있다는 사실을 인식하는 것이다. 그 순간을 곧바로 알아차리는 사람도 있고, 하루를 되돌아보는 시간이 돼서야 깨닫는 사람도 있다. 어느 쪽이든, 당신의 생각을 살펴보고 긍정적 사고와 부정적 사고의 비율을 따져보면 모종의 깨달음을 얻게 될 것이다.

당신이 만약 부정적 사고를 모두 없애기 원한다면, 미안하다, 그럴 수 있는 방법은 없다. 기분 나쁜 생각은 전혀 하지 않고 세상을 살아간다는 것은 비현실적이다. 그러나 당신은 아주 적은 노력만으로도 매우 긍정적인 사고방식을 갖출 수 있다.

일주일간 당신의 마음이 어떻게 작용하는지 살펴본 다음, 불편한 생각을 찾아내 그 생각이 다시 들 때마다 하나씩 사라지라고 말할 수 있다. 바보 같은 소리로 들린다는 것은 알지만, 분명히 효과는 있다. 부정적인 생각을 쉽게 멈출 수 있다는 얘기다. 시도해보라. 일단 한 번 성공하면, 다시 실행하는 건 쉽다.

또 다른 방법도 있다. 나의 동료 중 한 명은 자신의 내면에서 들려오는 부정적 목소리에 '보리스'라는 이름을 붙인 다음, 부정적인 생각이 들 때마다 보리스에게 당장 나가라고 말했고, 그때마다 그 생각이 사라졌다. 내 학생 중 하나는 나쁜 기분을 느낄 때마다 머릿속으로 아름다운 숲을 상상한다. 그러면 그 불안한 감정과 생각이 사라진다는 귀띔이다.

명상과 시각화, 자기 최면 등 역시 당신에게 도움을 줄 수 있는 여러 수단 중 일부다. 어떤 형태든 부정적인 생각이 힘을 못 쓰도록 하는 방법을 한번 터득한 다음 몇 주에 걸쳐 꾸준히 연습하면, 부정적인 생각이 눈에 띄게 줄어든 사실에 깜짝 놀랄 것이다.

　이것은 뉴에이지풍의 신비주의 사고가 아니라, 당신의 사고 과정을 긍정적으로 바꾸고 유지할 수 있는, 과학적으로 확실히 입증된 방법이다. 가장 어려운 일은 이를 시작하는 것이다. 이 책을 읽은 계기로 한번 시도해보기 바란다. 처음에는 약간 어색할지 모르지만, 가치 있는 모든 일에는 연습과 인내가 필요한 법이다.

　당신의 생각을 감시해 부정적 사고를 긍정적 사고로 전환하는 일은 자신감을 키우는 아주 훌륭한 방법이다.

강력한 후원 그룹을 구축하라

우리가 아무도 모르는 어려움의 파도를 헤쳐가기 위해
필요한 것은 단 몇 마디의 칭찬과 격려뿐이다.
그러면 우리는 반드시 목표를 이룰 수 있다.
― 제롬 플레이시먼 Jerome Fleishman ―

후원 그룹 Support Group은 심리치료가 나타나기 훨씬 전부터 존재했다. 오래 전부터 의사들이 함께 모여 최신 치료 방법을 공유했고, 고대 부족의 여인들은 아이들을 서로 보살폈으며, 보통 사람들도 필요할 때는 족장을 찾아가 조언을 구할 수 있었다. 당신에게 감정적 도움을 베풀 친구나 가족, 동료가 없다면 도움을 얻을 수 있는 그룹에 가입하거나 직접 그룹을 만들어라.

이 경우, 사실은 직접 모임을 만드는 편이 기존의 그룹에 가입하는 것보다 더 쉬울 수도 있다. 이미 존재하는 그룹은 그들의 신조에 맞춰 당신이 적응할 것을 요구하며 이것은 사람들이 꾸준한 참여를 포기하는 주된 요인이기도 하다. 당신의 필요를 정확히 충족시키는 후원 그룹을 찾는 것이 어려울 수도 있다. 그러므로 다소 어설프더라도 그룹을 직접 시작할 수 있다면 업무나 일상생활에서 커다란 도움을 얻을 수 있다.

필자는 〈직장에서의 감정 운동 Emotional Fitness at Work〉에서 후원 그룹의 놀라운 유익성에 대해 언급한 바 있다. 여기서 말하는 높은 수준의 모임은 12단계 프로그램이 필요한 사람들을 위한 게 아니다. 자신에게 큰 문제는 없지만 뭔가 대단한 일을 성취하고자 하는 사람들을 위한 것이다. 대부분의 사람들은 자신이 직접 모든 시스템을 따로 만들어야할 필요가 없다는 것을 안다. 그룹에 속한 다른 사람들도 비슷한 이슈를 경험해본 적이 있을 것이고, 그들의 경험과 조언은 돈으로 따질 수 없을 만큼 귀한 것이기 때문이다.

그룹을 통해 얻을 수 있는 또 다른 요소는 감정적 도움이다. '최고가 되는 것은 외로운 일 It's lonely at the top'이라는 옛 격언은 그것을 경험해본 사람이라면 누구나 공감하는 바일 것이다. 당신이 리더라면 체면 때문에라도 부사장의 어깨에 얼굴을 파묻고 울 수도 없다. 그래도 감정을 발산하는 일은 꼭 필요하다. 우리는 모두 어찌할 수 없는 상황에 빠질 때가 있으며, 때로 절망감을 발산하거나 최소한 털어놓는 기회가 꼭 필요하다.

그룹이나 심지어 개인적 치료도 매우 도움이 되지만, 정서생활과 직장 업무를 통합시킬 수 있다면 더 좋을 것이다. 그러므로 당신과 같은 필요를 가진 상담자나 그룹을 찾으라. 이 일이 쉽지만은 않다는 것을 다시 한 번 상기하면서, 모임을 구성할 방법을 찾아보자.

선드리아 주식회사 Sundria Corporation의 CEO인 내 친구 브래드 오버웨이저 Brad Oberwager는 어린 시절부터 CEO들을 위한 후원 그룹의 존재를 알았고 또 그 일원으로 지내왔다. 그의 부친 역시 YPO 젊은 경영인 협회의 회원이었으며, 와튼 경영대학원 시절 자신의 경험을 나누면서 동급생들과 그룹을 시작했다. 오늘날까지도 그들과 정기적으로 만나고 있다. 그는 또한 젊은 기업가 협회 YEO 회원이기도 하다.

그는 자신이 정상에 설 수 있었던 요인 중 하나로 이런 후원 그룹을 들고 있다. 최근의 경기 침체에도 불구하고 성장일로에 있는 사업의 비밀을 후원그룹의 존재에 둔다. 그는 여러 모임에서 대학원에서 20년을 공부하더라도 얻을 수 없는 정보를 확보하게 됐다고 설명한다.

이제 오래된 전화번호 수첩을 꺼내, 당신과 성격이 잘 맞을 것 같은 사람들을 살펴보고 배울 점이 있는 사람들에게 전화를 걸어보라. 그들 역시 당신의 생각이 마음에 들어 모임에 나올 수도 있고, 그런 다음 당신은 그 모임을 지속시키고 싶은지 생각해볼 수 있다.

이런 경험을 통해 얻을 수 있는 지원은 그저 자신감을 키우는 데 그치지 않고, 성공의 길을 마련해준다.

사랑을 경험하라

사랑에 대한 굶주림이 빵에 대한 굶주림보다 훨씬 이겨내기 힘들다.
— 테레사 수녀 Mother Teresa —

자신이 존경하는 사람으로부터 사랑받는 것보다 기분이 좋아지고 자신감이 생기는 일은 없을 것이다. 그 사람과의 로맨틱한 관계를 말하는 게 아니다. 무조건적인 사랑을 말하는 것이며, 그것은 어디서나 찾을 수 있다. 그러나 그 사랑을 받아들이는 일이 힘겨울 수는 있다. 특히 독립적인 성격을 가졌거나 과거에 상처를 입은 경험이 있다면 말이다. 과거의 불행 때문에 당신의 삶을 한 차원 높여줄 감정에 마음을 닫지 않도록 하라.

당신이 단란한 가정을 경험해보지 못했다면 건강한 자존감을 구축하는 일은 더욱 어렵다. 다른 사람이 베푸는 적절한 애정은 당신이 사랑스러운 존재라는 것을 믿는 데 있어 마술 같은 힘을 발휘할 것이다. 당신이 존경하는 사람이 당신에게 마음을 줄 때, 당신은 자신이 소중한 존재라는 느낌을 얻을 수 있고, 나아가 자신을 사랑하는 법을 배울 수 있다.

나는 자신이 가치 있는 사람이라고 여기게 만들어준 사람이 나타난 다음에야 비로소 자신을 사랑할 수 있었던 사람을 몇 명 알고 있다. 많은 사람들에게 이러한 사랑은 평생토록 지속되는 건강한 관계로 이어진다. 어떤 사람들은 이런 경험을 통해 자신의 삶의 진정한 목적을 발견하는 길을 찾기도 한다.

후원 그룹을 통해 자신을 사랑하는 법을 배우는 일은 그 사람을 회복시키는 한 가지 요인이 된다. 또한 이런 원리로 사람들은 심리치료를 통해 우울증과 상실감, 중독증 등으로부터 치유된다.

한편, 우리는 자신과의 사랑에 빠진 사람들을 안다(이들을 나르시시스트라고 한다). 오로지 자신에게만 매몰되어있는 사람은 다른 사람들을 위해 내어줄 마음의 공간이 없을 것이다. 이런 문제를 가진 많은 사람들은 자신의 외모나 권력, 카리스마가 시들기 시작하면 엄청난 우울증과 외로움에 빠진다.

당신이 자신을 모든 것보다 더 우선시하며 가까운 사람들의 필요와 감정을 무시한다면, 사랑하는 사람들이 떠나버리기 전에 정신을 차리고 행동의 변화를 모색해야한다. 아무리 사랑을 베풀어도 애정을 보답하지 않는 사람에게 애정을 지속하기란 매우 어렵다.

자신을 받아들이지 못하는 사람에게 그가 사랑받을 자격이 있다는 사실을 알려주는 것은 진심이 담긴 선물이다.

당신이 파트너에게 끝없이 당신을 사랑하는지 확인하거나, 당신의 파트너가 당신의 사랑을 결코 받아들이려 하지 않는다면, 두 사람 모두 또 다른 도움을 원하게 될 것이다. 그 상황을 그대로 방치한다면 당신의 관계는 더욱 자라날 힘을 잃고 말 것이다.

깊은 상처나 상실을 경험한 사람은 자신이 받는 사랑을 믿는 것이 어려울 수도 있다. 그런 사람들에게는 인내와 끈기를 가질 것을 권한다. 나는 우리 마음의 넓이가 한정돼 있다고 생각한다. 마음속에 상처가 있으면 사랑이 자리할 공간은 그만큼 줄어드는 것이다. 사랑은 사실 마음속의 슬픔을 밀어낸다. 그러므로 사랑을 받아들이면, 다른 사람으로부터 사랑을 받는 멋진 선물을 경험할 수 있을 뿐 아니라 그동안 붙들고 있던 과거의 고통을 내보낼 수 있게 되는 것이다.

공주와 개구리 이야기를 기억하는가? 사랑을 받아들이면 우리는 모두 매력적인(그리고 자신감 넘치는) 존재로 변할 수 있다.

신체를 단련하라

운동할 시간이 없다고 생각하는 사람은 조만간 아플 시간을 내야 할 것이다.
― 에드워드 스탠리 Edward Stanley ―

건강한 신체를 가지고 있다면 무슨 일이든 이루어낼 자신감이 생긴다. 몸이 허약하면 생존하기조차 힘에 겨워진다. 튼튼한 몸은 자존감과 육체적 행복을 위해 매우 중요한 요소다. 운동은 가장 쉽고, 언제든지 할 수 있으면서 또 가장 저렴한 항우울제다. 그러니 그저 자리에 앉아있지만 말고 운동이 정신과 육체 모두에 얼마나 좋은지 알아보라. 일어나서 몸을 움직여라.

나는 어렸을 때, 아버지의 친구 중 담배를 피우시던 분이, 흡연가 특유의 그 껄끄러운 목소리로 이렇게 말하는 것을 기억한다. "애야, 건강을 지키지 않으면 아무 일도 소용이 없단다." 당시에는 그 말이 그저 역겹게만 생각됐다. 그러나 수십 년이 흐른 오늘(그동안 나는 몇 차례 수술을 받았다), 그 말만은 전적으로 옳았다는 것을 깨닫게 된다. 자신과 사랑하는 사람의 건강을 지키는 것은 자신감을 얻고 만족스러운 인생을 살아가기 위해 가장 중요한 요소다.

비만인구가 점점 늘어나고, 건강한 생활방식을 영위해야만 오래 살 뿐 아니라 여러 가지로 훌륭한 사람이 될 수 있다는 언론 기사들이 넘쳐남에도 불구하고, 스스로 건강을 돌보는 사람은 무척 적다. 나는 애완동물보다 자신을 덜 보살피는 사람들도 보았다. 나 역시 애완동물들을 끔찍히 사랑한다. 다만 내가 캔 뚜껑을 열 수 없게 되면 그들이 굶는다는 것을 알기에, 동물들을 돌보기 위해서라도 나는 건강을 지켜려고 애쓴다.

몸매가 망가지고 건강이 악화되면, 인생의 아주 기초적인 조건들조차 압박을 받게 된다. 만성 질환 혹은 생명을 위협하는 질병과 싸우는 어떤 사람들은 건강하면서 게으른 사람들보다 운동을 오히려 더 많이 한다. 대다수의 사람들은 건강을 잃고 나서야 어떤 상황도 이른 시일 내에 좋아질 수 없고 꿈을 실현하는 것도 요원해진다는 사실을 깨닫는다. 그제서야 몸을 움직이기 시작한다. 당신은 생각과 아이디어를 왕성하게 작동시키는 그릇을 꾸준히 지켜야만 한다.

노년에 이르러 운동을 시작한 어떤 여인을 기억한다. 나는 동네를 지나다닐 때마다 매일 언덕 위까지 천천히 걸어 올라가던 그녀의 모습을 봤다. 처음에 그녀는 체중이 너무 나갔고, 웃지도 않았으며, 아주 안 어울리는 운동복을 입고 있었다. 몇 개월 후에 보니 그녀는 체중이 엄청나게 줄어든 듯 보였고, 머릿결은 윤이 나며 피부는 매끄러워졌다. 거기서 오는 자신감 때문인지 화려한 스판덱스 러닝팬츠에 딱 달라붙는 탑을 입고 있었다. 그녀가 너무나 멋지게 변했던 것이다. 그래서 가던 길을 멈추고 사실은 그녀가 변해가는 모습을 지켜봤다고 말한 후, 나는 요즘 기분이 어떠냐고 물었다. 그녀는 이렇게 대답했다.

"이제야 나 자신이 마음에 들어요."

나는 그 말을 듣고 당장 운동을 시작했다. 당신도 나와 같은 생각을 하기를 바란다. 체중이 줄어들고 튼튼해졌다는 기분이 들면 어떤 상황이든 더욱 자신감을 얻게 될 것이다.

자신감이 높으면 심장도 건강

자신감 수준이 높으면 심장과 면역체계를 보호할 수 있다는 연구결과가 나왔다. 뉴질랜드 크라이스트처치 캔더베리대학 심리학과 앤디 마튼스 Andy Martens 교수 연구팀은 자신감과 신체건강 사이의 상관 관계를 알아보기 위해 184명의 참가자들을 대상으로 실험을 진행했다. 일단 참가자들에게 각자의 지식 수준과 인성에 대한 가짜 평가서를 각본에 따라 나누어주고, 2주 동안 자신감의 수준이 어떻게 변화했는지 조사했다. 이와 더불어 부교감신경계의 하나인 미주신경의 움직임 vagal tone을 분석했다. 이는 부교감신경계의 변화에 심장이 얼마나 민감하게 반응하는지를 살펴보는 수단이었다.

결과는 놀라웠다. 긍정적인 결과를 담은 가짜 평가서로 자신감을 얻은 사람들이 그렇지 않은 사람들에 비해 미주신경 움직임이 활발했던 것이다. 이는 바꿔말해 스트레스가 심장에 미치는 악영향이 자신감이 넘치는 사람들에겐 덜하다는 의미로 해석된다. 연구팀은 이 결과를 두고 "낮은 자신감은 단순한 기분 문제가 아니다"라고 강조한다. 자신감이 위협받으면 건강이 악화될 수 있다는 경고다.

5

뛰어난 사람을 만나는 일은 생각보다 쉽다

자신감을 키우는 가장 좋은 방법 중 하나는 당신이 존경하는 사람이 어떻게 행동했는지를 살펴보는 것이다. 그들이 어떻게 자신의 자신감을 향상시켜 환경을 바꿨는지를 살펴보면 스스로를 강하게 만들기 위해 무엇을 해야 하는지를 배울 수 있다.

직감을 믿어라

몸은 결코 거짓말을 하지 않는다.
― 마사 그레이엄 Martha Graham ―

과학자들은 우리의 소화기관에서도 사고 작용이 일어난다는 사실을 발견했다. 그것을 장신경계 enteric nervous system라고 부른다.

우리는 모두 '육감', 즉 직관을 가지고 있지만, 많은 사람들은 자신이 얼마나 여기에 의존하는지 깨닫지 못하고 있다. 직관이란 로또 숫자를 고르는 것과는 상관없다. 그것은 단지 고려해야할 또 다른 형태의 지식일 뿐이다. 이는 내면의 목소리에 귀 기울이는 방식이며, 우울증이나 불안 등의 모든 질문을 다루는 데 도움을 준다.

당신이 직관의 가치를 거부한다면, 당신의 생각에 충분한 주의를 기울이지 않다가 나중에 후회한 적이 얼마나 많았는지 생각해보라. 당신의 몸이 정신만큼이나 많은 것을 아는 경우가 있다. 당신 존재의 유익한 일부분인 직관에 귀 기울이는 법을 배운 다음 그것이 사실이라고 믿어 보라.

비록 처음에는 직관을 따르는 것이 다소 두렵겠지만, 끊임없이 변화하는 삶을 헤쳐 나가는 데 대단히 유용하며, 대개는 별로 해로울 것도 없다.

직관을 사용하면 새로운 아이디어에 눈을 뜰 수 있고, 당신이 가진 문제의 답을 찾는데도 도움이 된다. 직관을 발휘하기 위해서는 최소한 어느 정도 긴장을 풀고 느낌에 민감한 상태가 돼야한다. 물론 감정이 당신을 조종하게 돼서는 안 된다.

직관을 개발하기 시작하는 가장 좋은 방법은 심호흡을 한 후, 눈을 감고 내면에서 떠오르는 생각을 응시하는 것이다. 자신의 호흡에 집중하는 것도 좋다. 아주 쉬운 일인 것처럼 들린다. 실제로 수십 번 연습을 거친 후에는 쉬워진다. 제대로 하지 못했다는 생각이 들고 아무 결과도 얻지 못했다고 해서 실망하지 말라. 느긋한 태도로 이 방법을 가능한 자주 시도해보라. 우리 모두는 직관을 가지고 있다. 활용만 하면 되는 것이다.

당신의 뱃속에서 꿈틀거리는 생각을 신뢰하라. 마찬가지로 최고가 된다거나 페이스북에 버금가는 멋진 발명품을 만들어내겠다는 당신의 꿈도 믿어라. 당신의 내면에서 조그맣게 속삭이는 긍정의 목소리에 귀를 기울이란 말이다. 이 모든 것은 우리의 내부에서 직관이 모습을 드러내는 방식이다. 직관은 컴퓨터처럼 프로그램돼 있는 게 아니다. 오히려 마음속에서 근육을 키워가는 것과 비슷한 과정으로 발달된다. 그러니 새로운 생각이 천천히, 자연스럽게 흘러나오도록 내버려두라.

예술가와 작가, 음악가들은 모두 직관을 이용하여 창작 활동을 한다. 부모는 자녀의 안전을 지키는 데 직관을 사용하고, 수십억의 사람들이 매일 직관에 근거하여 의사결정을 내린다. 직관을 믿는 것은 인생과 인간관계를 발전시키는 훌륭한 도구다.

작은 승리를 자축하라

조물주는 어떤 일도 견딜 수 있는 몸을 허락하셨다. 이 사실을 굳게 믿어야 한다.
— 빈스 롬바르디 Vince Lombardi —

흔히 성공하기 위해서는 우선 자신감을 가져야한다고들 말한다. 실상은 그렇지 않다. 인과관계는 오히려 그 반대다. 성공을 경험해야 자신감이 생긴다. 이는 수백만 명의 경험을 통해 입증된 사실이다. 삶의 어떤 분야에서 이루어낸 아무리 사소한 성공이라도 다른 모든 영역에 영향을 미친다.

작은 승리(나는 이렇게 부르는 것을 좋아한다)는 좋은 주차 공간을 찾는 일에서부터, 복권을 사서 10달러에 당첨된 일에 이르는 온갖 형태의 일이 될 수 있다. 당신은 이런 작은 성공을 자신감으로 바꾸는 방법을 습득해야 한다. 즉, 성공과 관련된 감정을 충분히 느껴야한다는 것이다.

당신은 성공의 감정을 느낌으로써 두뇌 세포를 훈련해 자연계에서 가장 강력한 중독성을 가진 힘, 즉 간헐적 긍정 강화 intermittent positive force를 스스로에게 부여한다. 마음속에 기분 좋은 의미를 부여할 때마다 마음은 점점 그쪽으로 끌려간다. 아무리 사소한 성공이라도 그것을 끊임없이 자축한다면, 더 큰 성공과 자기 존중을 갈망할 수밖에 없다.

별로 중요하지도 않고, 심지어 시간 낭비처럼 보이는 작은 일일지라도 당신이 원대한 목표에 도달하는 데 도움이 될 수 있다. 예를 들어, 당신이 방금 마친 발표가 대성공을 거뒀다고 속으로 생각한다면, 회의실에 단 네 명 밖에 없다 하더라도 다시 한 번 성공을 열망하도록 두뇌를 훈련할 수 있다. 의식적으로든 무의식적으로든 가능하다.

당신이 긍정적인 뭔가를 이루어냈다는 사실을 스스로에게 말하는 것은 당신 두뇌에 성공을 각인시키는 행동이다. 과거의 성공을 당신 마음속의 하드 드라이브에 저장된 것처럼 생각하라. 그것은 마치 당신이 찾아온 컴퓨터 속의 문서처럼 그곳에 존재한다. 일단 찾아낸 이상 당신은 그것이 어디에 있는지, 또 어떻게 여는지도 항상 파악하게 된다.

마찬가지로 성공을 거두는 법이나 자신감이라는 기분을 일단 알게 되면 당신은 감정을 프로그래밍하는 법을 익힐 수 있다. 그것은 두뇌 속에 저장돼 있고 당신은 그것을 어떻게 찾아내는지 기억하기 때문이다.

힘든 시절을 보내고 있다면 작은 승리조차 감히 엄두를 못 낼 것이다. 아침에 일어나는 것조차 힘들다면 산책을 하거나 꽃다발을 화분에 심는 성공을 맛볼 수도 없는 것이다. 이럴 때는 당신의 목표를 적절히 낮춰야 한다. 잠자리에서 일어나 샤워하는 것이나 뒤뜰에 앉아 신문을 읽는 것을 작은 승리로 간주하는 것이다. 그 수준을 매일 조금씩 높이다보면 마침내 산책을 할 수 있게 되고, 인생은 결코 불가능하지만은 않게 보일 것이다.

언제나 성공은 가능하다. 그것은 모든 사람에게 매일 일어난다. 잠재된 성공이 우리 삶 속에서 드러난다고 보는 시각은 그저 눈을 뜨고 자신의 등을 두드려주기만 하면 갖출 수 있다. 스스로 성공을 경험해 자신감을 쌓는 것은 가장 순수한 형태의 자존감이다.

자신감 그룹

사람들이 자신에 대해 말하지 않는 내용을 주의 깊게 들으면
그 사람이 얼마나 자신감을 가지고 있는지 알 수 있다.
— 브라이언 G. 제트 Brian G. Jett —

때로는 일종의 그룹 훈련을 통해 격려를 받을 수 있다. 일례로 흥미로운 그룹 훈련 게임 하나를 소개한다. 이 특수한 훈련에는 5~10명 내외의 사람이 필요하다.

한 사람은 가운데 앉고 다른 사람들은 그의 주위로 둥글게 모인다(서로 손을 잡을 필요는 없다). 원을 그리며 앉은 사람들은 각자 가운데 사람의 장점을 몇 가지 말한다.

둘러앉은 사람들이 모두 말을 마치고, 가운데 있던 사람이 들은 것 중 기억나는 내용을 말하면, 그룹의 다음 사람이 자리를 바꿔 같은 방식으로 계속 진행한다.

누군가 이 훈련을 기록하거나 녹화해서 모든 사람이 자신이 한 말과 놓친 부분을 알아야한다. 이것은 마지막 부분에서 모든 사람이 칭찬을 받는 역할을 한 뒤에 하는 것이 좋다.

이 훈련이 가르쳐주는 것은 이렇다.

당신이 기억했다가 다시 말할 수 있는 사항은 당신도 자신에 대해 이미 그렇다고 믿는 내용이다. 자신에 대해 다른 사람들은 알지 못하리라고 생각했던 내용을 들으면 당신은 무척 놀랄 것이다. 이런 과정은 당신이 이미 갖고 있던 자신감을 강화하는 데 도움을 주며, 당신이 원하는 또 다른 영역의 자신감도 키워줄 수 있다.

당신이 받아들일 수 없는 칭찬은 당신이 아직 성공을 거두지 못했거나 칭찬받을 자격이 없다고 생각하는 분야에 속한 것이다. 이런 긍정적 언급은 당신을 당신이 보지 못하는 방식으로 바라보는 사람들이 한 말이라는 점을 주목해야 한다. 외부 시각을 받아들이는 것은 최선을 발휘해 자신감을 구축하기 위한 매우 소중한 방법이다.

솔직히 말해 내가 이 훈련에 처음 참가했을 때 기억났던 유일한 칭찬은 내가 꽤 재미있는 사람이라는 몇 사람의 말뿐이었다. 당시 나는 아주 어렸지만 긍정적인 자극을 좀 더 많이 받아들여야겠다고 생각했고, 이 훈련은 실제로 그렇게 하는 데 커다란 영감을 줬다. 사람들이 나에 관해 해주는 좋은 말에 귀 기울이는 법도 배웠다. 그 칭찬을 거부하거나 왜곡하지 않고 그대로 받아들이려 노력한다. 그렇게 하면 나의 자존감도 높아질 것이라고 믿기 때문이다. 이 훈련을 1년에 몇 번 정도 해보면 자신감을 확실히 키울 수 있을 것이다.

두려움을 받아들이라

용기란 두려움이 없는 상태가 아니라 두려움에 도전하고 그것을 극복하려는 의지다.
두려움을 가진 사람만이, 용감하다는 말을 칭찬으로 들을 수 있다.
— 마크 트웨인 Mark Twain —

두려움의 대상을 극복하면 마음이 더욱 굳건해지면서 자신을 신뢰할 수 있게 된다. 이는 논리적으로 자명한 사실이다. 두려움을 받아들이는 편이 그것을 다루는 데 있어 능률적인 방법이다. 걱정거리들을 떨쳐버리기 위해 에베레스트 산을 오르거나 비행기에서 낙하할 필요는 없다. 때로는 스트레스와 일상의 걱정거리를 적절히 다루는 것만으로도 자신감을 키울 수 있다.

내 친구 중 하나는 성공한 외과의사다. 그는 업무에 있어 매일 두려움을 느끼지만 한편으론 즐겁다고 말한다. 바로 그런 이유로 자신이 더 훌륭한 의사가 될 수 있다고 믿기 때문이다. 그는 두렵기에 업무에 주의를 기울여 환자에게 불필요한 모험을 걸지 않는다. 그가 최선을 다하면서 더욱 자신 있는 의사가 될 수 있는 것은 바로 그 때문이다.

나는 언젠가 믿음은 두려움의 반대라는 말을 들은 적 있다. 나보다 더 강한 존재를 믿음으로써 더욱 안전한 느낌을 얻을 수 있다. 하지만 두려움이 존재하는 이유를 깨달아 교훈을 얻는 것 역시 두려움을 줄이는 또 다른 강력한 도구라고 생각한다.

우리 모두가 가지는 두려움에는 보상이 따른다. 그렇다, 두려움은 우리에게 물리적인 안전을 선사한다. 두려움이 있기에 절벽 밖으로 발을 내딛지 않으며 호랑이를 쓰다듬으려고 하지 않는다. 두려움은 우리를 보호해주는 것 이상의 의미가 있다. 우리로 하여금 좀 더 내면을 성찰하여 주어진 과제를 성취할 힘을 얻기 위해 어떤 점을 고쳐야하는지 정확히 깨닫게 해 준다. 두려움을 이해하고 그것이 어떻게 이로움이나 해로움을 주는지 볼 수 있을 정도의 자신감을 가지는 것은, 두려움을 극복하는 것을 넘어 당신의 목표를 성취하기 위한 훌륭한 훈련이 될 것이다.

당신이 만약 리더나 유명 인사, 혹은 영화배우가 되고는 싶지만 사람들 앞에서 연설하는 장면만 상상해도 공포에 질리는 사람이라면 그 목표를 성취하는 것은 대단히 어려운 일이 될 것이다. 그러나 당신은 자신의 명백한 약점을 인식하고 그에 따른 조치를 취할 수 있다. 예를 들자면 토스트마스터즈(www.toastmasters.org: 대중 연설을 두려워하는 사람들을 돕기 위한 모임) 사이트에 가입하는 등의 방법으로 말이다. 이를 통해 성공에 필요한 도구를 확보할 수 있을 뿐만 아니라 당신의 비전을 이루기 위한 스킬을 습득하고 더 큰 자신감을 얻을 수 있다.

대중 연설에 대한 두려움을 스스로 인정하면 혹시 가졌을지도 모르는 허세를 벗어던지고 점점 발전하는 자신에 대해 좋은 기분을 느낄 수 있다.

두려움을 극복하거나 그것을 받아들인 사람치고 그로 인해 더욱 발전하거나 자신감을 가지지 않은 사람을 본 적이 없다. 두려워하는 대상이 무엇이든, 거기에 정면으로 부딪혀 마음속의 악마를 정복할 수 있다는 신념을 가지고 도전해야 한다.

언성을 높이지 말라

자녀 이름을 지을 때 끝에 받침 글자를 넣지 말라.
그래야 소리치기가 좋다.
— 빌 코스비 | Bill Cosby —

언성을 높이면 어떤 인간관계에서든 해롭다. 간단히 말해 그것은 당신을 불안한 골목대장처럼 보이게 한다. 사실, 자신감을 지닌 사람은 소리를 지를 일이 없다.

다행히도 소리 지르는 습관은 바꾸기 쉽다. 과거를 돌아보며 언제부터 이런 나쁜 습관이 들었는지 생각해보면 도움이 된다.

어쩌면 당신은 일상적으로 소리를 지르고 상대방을 깎아내리는 환경에 익숙할 수 있다. 그것이 아무런 문제가 되지 않는다고 생각하는 것이다. 하지만 그런 생각 자체가 그 환경에 무의식적으로 영향을 받은 결과다. 불행히도 무의식적인 영향은 중요하다. 그것이 당신의 자아상과 자신감에 어떻게 영향을 끼쳤는지 살펴보라.

큰 소리가 난무한 환경에서 자랐거나 그곳에서 일하는 사람들은 그렇지 않은 사람보다 불안한 마음을 가지고 있다. 그들은 일자리나 인간관계를 지속할 수 있을지 늘 걱정이다. 그리 행복한 삶은 아닌 것이다. 이런 나쁜 행동을 멈추기 위한 강력한 도구 중 하나는 자신만의 모범을 설정하는 것이다.

당신이 소리 지르면 주변 사람들에게도 그렇게 하라고 허락하는 셈이다. 이런 악순환이 몇 세대에 걸쳐 내려왔다면 이제는 그것을 바꿀 때가 됐다. 그리고 그것은 생각처럼 어려운 일이 아니다.

가장 먼저 해야 할 일은 자기 행동을 최대한 객관적으로 지켜보는 것이다. 당신이 실제로 가끔씩 고압적인 태도를 보인다는 사실을 알아차려야 그것을 스스로 멈추는 게 가능하다.

진정한 용기를 가지고 삶을 개선하려는 의지를 가진 사람들은 사랑하는 사람들에게(친구나 동료에게도) 자신의 언성이 높아질 때마다 그런 행동을 원하지 않는다는 말을 해달라고 부탁한다. 당신이 왜 언성을 높이지 않고 침착해지기를 원하는지를 떠올리기 위해 잠시 시간이 필요할 수도 있다.

그럴 때는 산책을 하거나, 뒤뜰로 가거나, 심호흡을 하거나, 혹은 그저 눈을 감고 좀 더 편안한 느낌을 갖도록 해보는 것도 좋은 방법이다. 흥분한 상태에서 고성을 멈추는 것은 어려운 일이지만, 그럴만한 가치는 있다. 이것은 연습이 효과를 발휘하는 바로 그런 일이다. 똑같은 생활 패턴을 끊기 위한 노력을 많이 기울일수록 실행은 점점 더 쉬워진다.

소리 지르는 파괴적인 습관을 멈추는 법을 배우면, 가정이나 혹은 어느 곳에서나 삶의 질이 향상된다. 자신감까지 아울러 높일 수 있다. 인생을 성숙한 태도로 대하게 되고, 그에 따라 다른 사람들도 당신을 존중해 줄 것이기 때문이다.

그러므로 이제 스스로 조심해 친구들과 가족이 당신의 대화와 의견을 반길 정도의 어조로 말하는 법을 배우라. 언성을 높임으로써 자신을 깎아내리는 일은 피해야 한다.

행복의 비밀

자신의 힘에 대한 겸손하고도 합리적인 확신이 없이는,
결코 성공이나 행복을 얻을 수 없다.
— 노먼 빈센트 필 Norman Vincent Peale —

뉴욕타임즈 베스트셀러 〈이유 없이 행복하라 Happy for No Reason〉의 저자이자 〈시크릿 The Secret〉 DVD에 출연하기도 했던 마시 시모프 Marci Shimoff 에게, 자신감과 행복은 서로 어떤 관계인지 물어본 적 있다. 대답은 아래와 같았다.

"나는 행복이란 내면의 평화이자 주위 환경에 구애되지 않는 안녕이라고 정의합니다. 제가 '이유 없는 행복'이라고 표현한 것도 그 때문이지요. 그런 내면적 행복을 경험할 때, 우리는 높은 자존감을 함께 경험합니다. 그 때 우리는 자신을 믿으며 주위 환경이 어떠하든 스스로 가치 있는 존재임을 알게 됩니다. 이야말로 진정한 자신감입니다. 내면의 행복을 발전시키면 삶의 모든 영역에서 자신감을 가질 수 있습니다.

내면의 행복을 발견하고 발전시키지 못하면 삶의 특정 영역에서는 자신감을 느낄 수 있겠지만, 다른 많은 영역에서는 여전히 불안할 것입니다. 그것은 '조건적 자신감'으로서, 당신에게 결코 성취감을 주지 못합니다."

시모프는 자신감을 키우는 과정을 근육을 발달시키는 것과 같이 생각한다. 규칙적인 훈련이 필요하다는 설명이다. 내면의 평화와 행복을 안겨주는 행동을 습관화하는 훈련 말이다.

시모프는 또한 내면의 가르침에 귀 기울이고 그로부터 배우는 것이 중요하다는 점을 믿는다. 그녀는 이렇게 말한다.

"당신의 직관을 믿으세요. 내면의 지혜가 당신의 삶을 가장 큰 성공과 행복의 길로 안내할 테니까요. 당신의 지혜를 믿고 그대로 따라가십시오."

우리 중 많은 사람들이 스스로를 신뢰하는 것에 어려움을 느끼는 이유는 문제의 해답을 자신의 외부에서 찾는 게 몸에 배어있기 때문이다. 따라서 작은 일에서부터 내면의 목소리에 귀 기울이기를 시작하는 것이 좋다. 그러면 스스로 내린 결정에 따르는 모든 성공이 자신에 대한 믿음을 더욱 강화시켜줄 것이다.

시모프는 계속해서 이렇게 말한다.

"나는 무조건적인 자신감을 가진 사람이라면 누구든 신뢰합니다. 그런 사람은 필요한 것이 무엇이든 마음을 열고 기꺼이 배우고자 하죠. 기본적으로 자신을 신뢰하기에 나타나는 모습입니다."

수백만 명의 사람들이 시모프의 가르침에 감명받았다. 당신 또한 그녀의 가르침을 충분히 받아들인다면 과거 어느 때보다 행복하고 자신감 있는 인생을 살아갈 수 있다.

힘들수록 베풀어라

> 더 좋은 세상을 만드는 일을 시작하기 위해서는 조금도 기다릴
> 필요가 없다니, 얼마나 놀라운가.
> — 안네 프랑크 Anne Frank —

다른 이들에게 당신이 좋은 마음씨를 가지고 있으며 그 마음을 긍정적으로 활용할 줄 아는 사람이라는 점을 기억하게 만들라. 내가 베풀어 누군가가 혜택을 받을 것이라고 생각하면 값으로 따질 수 없는 경험이 된다. 그 경험은 최고의 우울치료제이기도 하다. 베풂과 자신에 대한 좋은 감정은 서로 직접적인 관련이 있기 때문이다. 남에게 베풀면 거의 언제나 자신부터 흐뭇해진다.

어려운 시기에는 훌륭한 대의를 위해 돈을 기부하거나 심지어 자원봉사를 하는 것조차 종종 역효과를 낳는다. 당신이 청구서를 갚는 것조차 쩔쩔매거나 실직 상태에 있는 경우라면, 결국 '자선은 내 집에서부터'

라는 옛 격언을 따라야할 것이다. 그럼에도 불구하고 많은 사람들은 형편이 힘들수록 오히려 남에게 베풀 기회를 더 많이 찾아 나선다.

그들은 이렇게 말할 뿐이다.

"그렇게 하면 내 기분이 좋아져요."

아주 바람직한 현상이다.

과거에는 아침마다 일어나 매일 사무실로 출근했지만 지금은 실직 중이라면, 자원봉사를 통해 그 패턴을 계속 유지하는 것도 좋다. 그저 수많은 이력서와 구직신청서를 발송하기만 하면 된다. 물론 면접에는 참석해야겠지만, 자원봉사를 신청한 기관들 대부분은 당신에게 호의적일 것이다.

만약 너무 일이 많거나 바쁘다면 물질적인 기부도 기분이 좋아지는 방법이 될 수 있다. 나는 우리가 큰돈을 벌지 않더라도 지속적으로 기부활동을 해야 한다고 생각하지만, 불확실한 시기에는 머지않아 필요할지도 모르는 자원을 남에게 내놓는게 찜찜할 수 있다. 그러나 그럴 때일수록 베풀어야 한다.

베풂은 일종의 에너지 분배를 촉진한다. 필자는 재정적으로 그다지 여유가 있지 않았을 때에도 도움이 필요한 사람들에게 기부를 계속했다. 그래서 지속적으로 베푸는 삶을 통해 내가 사는 세상을 개선할 기회를 얻었다. 그것은 곧바로 나의 삶을 더욱 발전시켰다.

다소 현실과 동떨어진 일처럼 들릴 수 있지만 사실이다. 도움이 필요한 사람에게 작은 베풂을 실천하는 것만으로도 당신의 삶 속에서 전혀 다른 일들을 만들어낼 수 있다. 당신이 세상을, 또는 단 한 명의 삶이라도 더 개선시키는 데 직접 영향을 마칠 수 있기에 당신의 자존감은 높아질 수밖에 없다.

앨버트 아인슈타인은 이렇게 말했다.

"모든 사람에게는 세상으로부터 받은 만큼 세상에 되돌려주어야 할 의무가 있다."

물론 오늘날 이 세상은 점점 살기 어려운 형편이 돼가고 있다. 그러나 그럴수록 이 숭고한 노력을 멈추지 않도록 애써야 한다. 우리가 불우한 이웃을 도울 때, 베푸는 사람과 받는 사람 모두에게 긍정적인 영향을 미친다.

인생에서 성공을 거두는 가장 좋은 방법 중 하나는 도움이 필요한 사람을 찾아내고 그 필요를 채워주는 것이다. 이제 당신의 시간과 재능, 보화를 나눠라. 그것은 반드시 긍정적인 방식으로 돌아온다고 약속한다.

영화 〈아름다운 세상을 위하여 Pay it Forward〉는 이런 행동의 예를 잘 보여준다. 아직 보지 않았다면 DVD로 빌려볼 것을 권한다.

성공한 사람에게 배워라

도전에 맞서기가 두려운 이유는 믿음이 부족하기 때문이다.
나는 나 자신을 믿는다.
― 무하마드 알리 Muhammad Ali ―

자신감을 키우는 가장 좋은 방법 중 하나는 당신이 존경하는 사람이 어떻게 행동했는지를 살펴보는 것이다. 그들이 어떻게 자신의 자신감을 향상시켜 환경을 바꿨는지를 살펴보면 스스로를 강하게 만들기 위해 무엇을 해야 하는지를 배울 수 있다.

그러기 위해서는 먼저 당신이 알고 존경하는 사람들을 연구해야 한다. 성공한 사람들은 대부분 자신을 존경하는 사람들에게 그들의 지식과 현재의 위치에 도달한 비결을 이야기해주기 좋아한다.

그가 당신을 만나주기로 했다면, 질문 리스트를 작성해보라. 가능하다면 직접 작성하는 것이 좋다. 이것은 당신이 주어진 시간에 집중하고 상대방의 시간도 아껴줄 수 있는 방법이다. 또 한두 가지 질문을 생각하고 나면 미처 깨닫지 못했던 질문까지도 떠올릴 수 있다.

이런 시도 자체만으로도 자신감을 키우는 방법이 된다. 그와의 만남은 그야말로 금상첨화가 될 것이다. 당신이 존경하는 사람이 시간을 내 당신과의 대화에 응한다는 사실은 기분 좋은 일이 아닐 수 없다.

당신이 가장 대화를 나누고 싶은 사람은 아마도 대단한 업적을 이룬 사람일 것이다. 위대한 지성인이나 뛰어난 사람들을 만나는 일은 생각보다 훨씬 쉽다. 솔직히 필자 역시 나 같은 사람을 만날 시간은 없으리라고 생각했던 유명한 사람들을 별 어려움 없이 만났던 적이 많았다. 내가 만났던 거의 모든 사람들은 내 질문에 대답을 해주었으며, 그 중 몇 명과는 업무적으로도 관계를 맺을 수 있었다. 내가 감당한 리스크라고는 그저 이메일을 보내거나 전화를 건 것뿐이었는데도 말이다.

내가 약간의 정보를(혹은 인터뷰) 묻는 리스크를 감수하지 않았더라면 이 책을 지지해준 전문가들 대부분과 친분을 맺을 수 없었을 것이다.

모르는 사람에게 말을 거는 일이 두렵다는 것은 나도 알지만, 그 감정을 극복해야 한다. 그 두려움을 이겨내면 새로운 가능성의 기회를 얻을 뿐 아니라 자신감을 더욱 키울 수도 있다.

대화와 흐름에 자신을 맡겨라. 또 상대방 역시 당신에게 몇 가지 질문을 할 수 있게 해줘라. 서로 주고받는 것이 있어야 대화가 보다 쉽게 흘러가며, 하나의 질문은 또 다른 질문과 예상치 못했던 몇 가지 다른 대답을 이끌어내기도 한다.

또 유명한 사람들의 전기를 읽어도 많은 것을 얻을 수 있다고 생각한다. 벤저민 프랭클린과 마크 트웨인은 자신의 자신감(그리고 그것을 얻는 지혜)을 감동과 유머를 곁들여 책에 서술하고 있다. 워런 버핏과 토니 로빈스 등도 역시 자신감을 형성하고 성공적인 삶을 꾸리는 다양한 통찰을 선보인다.

    당신에게 필요한 정보는 흘러넘친다. 당신은 전화를 걸거나, 서신을 보내거나, 책을 집어들기만 하면 된다. 그 다음으로 진행하는 건 오로지 당신의 손에 달려있다.

못된 인간 다루기

> 자신감은… 정직과 명예, 신성한 의무, 충실한 보호, 그리고 사심 없는 수행을 바탕으로 커간다.
> 그런 요소가 없이는 자신감이 유지될 수 없다.
> — 프랭클린 D. 루즈벨트 Franklin D. Roosevelt —

사람들에게서 좋은 면만을 보고자 하는 의지 탓에 몇몇 못 된 사람들이 타인에게 분명히 부정적인 영향을 미치는 데도 깨닫지 못하는 경우가 있다. 아마도 가장 큰 배신은 우리가 믿었던 사람이 우리에게 못된 짓을 할 경우다. 이 때 우리는 그 사람에 대한 신뢰는 말할 것도 없고 우리자신의 자존감에 상처를 입을 뿐 아니라 다른 사람들과의 관계에까지도 영향을 끼친다.

어떤 사람들은 자신의 목적을 달성하기 위해 온갖 못된 행동을 일삼는다. 때로는 아주 심술궂은 태도를 보이기도 한다. 자기방어 수단으로 그런 태도를 보이는 경우도 있다. 누군가에게 감정적 공격으로부터 자신을 지킬 수 있다는 사실을 알리려는 것이다. 이런 방식으로 부정적 성향을 이기려는 사람들은 대개 실패하고 만다. 실제로 못된 사람이 아니라면, 못된 기운을 간직하는 것 또한 어렵다. 그러나 안타깝게도 정말 못된 사람들은 실제로 존재한다.

공격적인 사람들은 상대방이 겁을 먹도록 행동한다. 대부분의 보통 사람들은 이런 일을 당할 경우 고통과 불안을 피하기 위해 어떤 것이든 양보한 채 굴복한다. 못된 사람들은 그들의 행동이 상대방에게 미친 힘을 은근히 즐기기까지 한다. 그들에게 못된 행동은 일종의 중독이며, 그런 성향을 자신의 내면에서 계속 유지하려 애쓴다. 그들은 이런 성격이 결국에는 그들에게 찾아올 모든 인간관계와 그나마 남아있는 사랑의 불씨마저 파괴하게 된다는 것을 모른다.

오늘날 사람들의 심성은 과거보다 더 못돼진 것 같다. 나는 미소를 띠고 업무에 종사해야할 서비스 직종 사람들과, 마치 예술 행위라도 되는 것처럼 서로를 모욕하는 10대들, 그리고 법정에서와 자녀를 통해 서로에게 무익한 복수에 빠진 이혼 커플들에게서 정도가 심해지는 무례함을 확인한다. 이런 식의 행동을 보이는 대부분의 사람들이 얻는 것이라곤 아무 것도 없다. 이런 상황에서는 모두가 패배하고 만다.

당신이 매번 못된 사람들을 상대해야한다면, 그런 상황에 보다 자신 있게 대처할 수 있는 방법이 세 가지 있다.

1. 지지자를 확보하라

자신이 겪는 일을 누군가에게 말하면 고통을 토로할 곳을 확보하는 셈이다. 어쩌면 모종의 동조를 얻을 수 있을지도 모른다. 이런 일이 일회성이든 계속되는 비극이든, 당신의 감정을 털어놓으면 그것을 치유하는 데 도움이 된다.

2. 당신에게 선택권이 있음을 자각하라

당신이 못된 사람들 틈에서 어린 시절을 보냈다면, 이해심 많고 사려 깊은 사람들과 함께 지내는 것은 그야말로 캄캄했던 눈을 뜨는 경험이 될 것이다. 모든 사람이 지독한 행동을 하는 것은 아니다. 친절한 사람들과 사귀는 편을 택하라.

3. 그런 환경으로부터 탈출하라

직장을 떠나는 사람들의 대부분은 자신의 상사와 일할 수 없다는 이유에서다. 당신이 학대받고 있다면 그 일을 그만두거나 떠나도 좋다. 이것은 직업에서만이 아니라 개인적인 관계에서도 마찬가지다.

나는 지금까지 못된 행동에 긍정적으로 대응하는 사람은 못 본 것 같다. 못된 행동은 불안정한 사람들이 부리는 쩨쩨한 꼼수일 뿐이며 결국에는 통하지 않는 방법이다. 당신이 바로 그런 사람이라면, 당장 그 행동을 그만두라. 노래 가사에도 있다.

"못된 인간은 당장 꺼져라 Mean people suck."

당장 자신감을 얻는 10가지 방법

나는 그렇게 똑똑한 사람이 아니다. 단지 문제를 남들보다 좀 더 오래 고민했을 뿐이다.
— 앨버트 아인슈타인 Albert Einstein —

일이 엉망이 되어 잠시나마 자신감을 잃어버렸을 때, 그것을 회복하는 방법은 얼마든지 있다. 여기 도움이 될 10가지 방법이 있다.

1. 손 씻고 세수하고, 양치질을 하라. 몸이 시원해지고 기분도 전환되며, 새롭게 시작하는 느낌을 얻을 수 있다.

2. 벽에 걸어둔 졸업장이나 자격증을 쳐다보라. 예전에 액자로 만들어 벽에 걸어두지 않았다면 지금 그렇게 해보라. 이는 과거에 당신이 이룩했던 성취를 떠올려주며, 성공을 기억하는 것은 자신감을 유지하는 데 매우 중요한 역할을 한다.

3. 최근에 (또는 가장 크게) 거뒀던 성공을 기억해 내어 60초간 생각해보라. 가능한 한 자주 성공을 회상하는 것은 또 다른 성공을 이어가는 데 도움이 된다. 간단히 말해 그것은 당신이 과거에 성공을 거둔 적이 있기 때문에 그것을 다시 한 번 해낼 수 있다는 것을 상기시켜준다.

4. (얼굴이나 다리를) 말끔히 면도하라. 이것은 기분전환의 또 다른 방법이다. 뿐만 아니라 최고의 외모를 갖추면 자연스럽게 더 큰 자신감을 얻게 된다.

5. 당신은 당신의 자녀들이나 소중한 사람들이 생각하는 모습의 사람이라는 사실을 알라. 당신이 무조건적인 사랑을 받는다는 사실을 안다면 좋은 기분을 가질 수밖에 없을 것이다.

6. 차 안팎을 골고루 세차하라. 차바퀴가 반짝반짝하면 기분이 좋아진다는 것을 잊지 말라. 당신에게는 적용되지 않는 말이라고 생각하는가? 다른 사람의 차를 탔을 때 아주 고약한 냄새가 난다면 어떤 기분이 드는지 생각해보라. 당장이라도 세차장으로 달려가고 싶은 생각이 들 것이다.

7. 며칠간 신지 않던 깨끗한 양말과 신발을 신어라. 신발에 흡수된 습기가 빠지는 데에는 하루 이틀 정도가 필요하며, 이것은 당신의 발걸음에 활기를 불어넣을 수 있는 쉽고도 빠른 방법이다.

8. 옷장을 다시 정리하면서 몸에 맞지 않는 옷을 전부 없애라. 예전 유행이 다시 돌아올 수도 물론 있겠지만, 당신은 그 옷을 앞으로 20년 동안은 입고 싶지 않을 가능성이 훨씬 높다. 헌 옷을 버리면 새 옷을 넣을 공간이 생긴다. 새로 장만한 고급 정장을 입으며 자부심을 얻는 사람들도 있다.

9. 맛있는 요리를 만들어라. 혼자 살더라도 근사한 식사를 마련하고 테이블에 차려서 스스로 멋진 식사를 하면 정신이 고양되는 것을 느낄 수 있다. 사랑하거나 존경하는 사람들과 함께 한다면 더욱 행복한 시간이 될 것이다.

10. 주변을 둘러보라. 그리고 당신이 맨손으로 시작해서 지금 보이는 모든 것을 이루어냈다는 사실을 상기하라. 우리 모두는 자부심을 잃어버릴 때가 있다. 일이 마음대로 되지 않을 때는 특히 그렇다. 그러나 당신이 무엇인가를 과거에 이루어냈다면, 또다시 할 수 있다. 그것이 무엇이든 말이다.

이상의 10가지 중 어렵거나 시간이 많이 걸리는 것은 아무 것도 없다. 일이 잘 풀리지 않는다고 느낄 때 스스로 활력을 얻는 법을 찾는 것은 확신에 찬 사람들이 늘 사용하는 방법이다.

일본 최고 부자 손정의의 자신감

손정의는 재일교포 3세로 일본 최대 IT기업인 소프트뱅크의 설립자다. 어린 시절 재일한국인이라는 이유로 차별을 받았지만 꿋꿋이 이겨냈다. 그는 일본에서 성공하겠다는 꿈을 이루기 위해 고등학교를 중퇴하고 미국으로 유학을 떠났다. 영어를 제대로 구사하지 못하는 그는 대학 시험을 치르는 과정에서 감독관에게 이렇게 말했다.

"저는 영어에 핸디캡이 있습니다. 이대로는 불공평하니 사전 사용과 시험시간 연장을 허락해 주세요."

감독관이 곤란해하자, 그는 직원실로 달려가 교육위원장에게 전화를 걸게 했다. 결국 교육위원장을 설득하는 데 성공하여 전대미문의 허락을 받아냈다.

'이 시험에 떨어지면 안 된다. 꼭 합격하고 싶다'는 그의 열정에 교육위원장도 어쩔 수 없었던 모양이다. 감독관은 그에게 사전 사용을 허락하고 시험시간을 연장해 주었다. 그 결과 그는 홀리네임즈 대학에 입학할 수 있었다.

자신의 꿈을 이루기 위해 당당하게 자기주장을 한 고등학생은 현재 일본 최고의 부자가 되었다. 자신감이야 말로 성장과 성공의 밑거름이라 할 수 있다.

6

실수는 배움의 기회다

누군가 당신의 기분을 좋아지게 하기 위해 곁에 있어줄 때 당신의 몸과 마음에서 흘러나오는 평안은 고통을 완화시켜줄 것이다. 도움이 필요한 사람 곁에 있어 주는 것은 일종의 선물이다.

문제 파악의 힘

분명함이 집중력을 낳는다.
- 토마스 레너드 Thomas Leonard -

자신이 가슴 깊이 품은 생각이 분명히 옳다고 확신할 때 진정한 내면의 힘을 얻을 수 있다. 그런 경지에 도달하기 위해서는 당신의 발전을 가로막는 이슈들을 제거해야만 한다. 이는 정신과 감정을 점검하고 당신의 생각을 신뢰하는 훈련을 통해 가능하다.

문제가 닥쳤을 때 가장 먼저 해야 할 일은 스스로 문제가 무엇인지부터 파악하는 것이다. 가장 쉬운 방법은, 당신을 돕고자 하는 누군가가 당신에게 이슈가 무엇인지 분명하게 설명해달라고 질문하는 장면을 상상해보는 것이다. 그런 다음 그 질문을 스스로에게 던져보라. 질문과 대답 모두를 종이에 적어보는 것이 좋다.

가능한 모든 각도에서 문제를 바라보라. 때로는 신뢰할 수 있는 사람에게 문제에 대해 질문을 해달라고 부탁한 후 대답을 해보는 것도 좋다. 아마도 그는 다른 질문도 추가해 당신이 좀 더 분명하게 이슈를 이해할 수 있도록 도울 것이다. 그렇게 실제 이슈가 무엇인지 파악한 후에야 비로소 해결책을 찾는 일을 시작할 수 있다.

문제 파악을 위한 질문에는 문제의 크기나 해결 기간, 그 문제를 해결해야하는 이유 등 모든 내용이 포함될 수 있다. <u>스스로를 제한하지 마</u>라. 이 작업에는 자금이 한 푼도 들지 않지만, 정확한 의사결정에 필요한 정보와 그에 따른 확신을 안겨줄 것이다.

올바른 질문을 자신에게 던지는 법을 배우라. 시간과 돈을 절약하면서 든든한 자신감까지 얻게 될 것이다.

경쟁에서 부러움으로

녹이 철을 잡아먹듯이, 시기하는 사람은 그 시기심에 사로잡힌다.
— 안티스테네스 Antisthenes —

승리를 향한 경쟁은 인생을 개척해나가는 데 큰 도움이 된다. 하지만, 때로 그 부작용이 평생을 이어온 친구들 사이에 어려움을 초래할 수도 있다. 이를 이해하면 우리는 그것을 유리하게 사용할 수도 있고, 감정적으로 해가 되는 일정 선을 알아차릴 수도 있다. 잠재적으로 독이 될 수도 있는 마음 상태를 이해하면, 아래 같은 불편한 상황이 닥쳤을 때 대처할 자신감을 얻는다.

경쟁

우리는 어려서부터 경쟁을 배운다. 원하는 것이 부모의 관심이든, 혹은 가장 큰 케이크 조각, 혹은 곰 인형이든, 우리는 1등을 해야 원하는 것을 얻을 수 있다는 것을 배운다. 게임에서 이기거나 좋은 점수를 받으면 기분도 좋다. 그것 자체로 나쁜 게 아니지만, 그 결과가 분노와 앙갚음으로 이어지면 문제다. 우리는 자녀들과 자기 스스로에게, 경쟁이 좋은 것이긴 하지만, 공정함보다 더 중요할 수는 없다는 점을 가르쳐야 한다.

라이벌 의식

라이벌 의식이란 경쟁에 약간의 적대감이 섞인 것이라고 볼 수 있다. 친구도 라이벌이 될 수 있지만, '선의의 경쟁'이란 대개 존재하지 않는다. 이유가 뭘까. 상대방을 물리치고 상을 독차지하려는 욕망 때문이다. 결과가 나온 후에야 친구가 될 수 있는 것이다(오직 내가 이길 경우에만). 사람을 사귀는 방법에 있어 그것도 잘못된 방법은 아니겠지만, 진정한 우정의 결속은 놓치게 되는 게 사실이다. 목표에 도달하기 위해서는 어느 정도 팀워크가 필요하며, 따라서 가까운 사람과 소원해지는 것은 좋지 않다. 라이벌을 두는 것은 나쁘지 않다. 그러면서도 관계를 유지할 수 있다면 가장 좋은 일이다.

부러움

이 감정은 "당신이 가진 것을 나도 원한다"는 말로 가장 잘 표현할 수 있을 것이다. 부러워하는 사람이 상대방의 성공을 바라지 않는다는 뜻은 아니다. 그저 자신도 성공하고 싶다는 것일 뿐이다. 부러움은 사실 우리를 새로운 세계에 눈을 뜨게 만든다. 특히나 우리가 가능성을 모르고 있다면 말이다. 예를 들어, 퓰리처상이라는 것이 있는지조차 모른다면, 그것을 갈망할 수도 없을 것이다.

질투

고어 비달Gore Vidal은 이렇게 말했다. "내가 이기는 것만으로는 부족해. 네가 져야해." 이것이야말로 질투라는 파괴적 감정의 핵심이라고 할 수 있다. 질투는 남과 함께 나눌 만한 여유가 없기에 상대방을 패배시키든지, 없애야겠다는 생각을 우리에게 주입시킨다. 그것이 초래하는 불안과 분노는 매우 해로운 것이다. 그러므로 당신이나 가까운 누군가가 이런 감정을 드러낸다면 특별한 주의를 기울여야한다.

문제를 깨달으면 이미 절반은 치료한 것이라는 말이 있다. 당신과 당신의 주위 사람들이 당신의 인생에서 일어나는 좋은 일들에 어떻게 대응하는지를 알면, 그 좋은 일들을 지속하는 데 도움이 될 수 있다. 또한 사람들이 적절히 대응하지 못할 때, 거기에 대처할 지혜를 갖추는 것은 당신의 자신감을 새로운 차원으로 높여줄 것이다.

창의적 자신감

자신감을 가지려면 두려운 일에 도전하라.
– 윌리엄 제닝스 브라이언 William Jennings Brian –

나는 예술에 재능이 없다. 이를 확인하기 위해 1년 동안이나 미술학교를 다닌 적이 있다. 회화 수업을 들었던 첫날이 기억난다. 도화지와 온갖 도구들로 가득 찬 상자를 준비해갔다. 나는 어깨까지 흘러내린 머리카락을 버클리 대학교의 산들바람에 휘날리며 강의실로 들어섰다. 그리고 볕이 잘 드는 자리를 하나 찾았다(창가에 위치한 자리였다. 나는 신선한 공기를 좋아했다). 자리에 앉자마자 이젤을 펴고 작은 물감 박스를 열었다. 교수님이 강의실 가운데에 있던 받침대 위에 항아리나 어떤 정물을 올려놓겠거니 하는 생각을 하면서 말이다.

어떤 젊은 여성이 기모노를 입은 채 방 가운데로 걸어올 때까지만 해도 나는 별로 크게 주의를 기울이지 않았다. 그런데 그 여성이 받침대 위로 올라가더니 외투를 벗는 것이 아닌가. 물론 나는 정신이 바짝 들었지만 당신이 생각하는 그런 이유 때문이 아니었다. 사람을 그릴 실력이 없었기에 당황해서 얼어붙어버린 것이다. 내 첫 번째 수업을 완전히 망칠 판이었다.

나는 이젤 뒤로 숨어서, 살아있는 모델을 예술적으로 표현하는 척하는 내 모습을 교수가 발견하지 않기만을 바랐다. 그런데 하필이면 그는 5분 전부터 내 뒤에 서 있었다.

"무슨 문제라도 있나, 젊은이?"

그는 완전히 잘난 체하는 어조로 물었다. 그를 쳐다보고 고개를 내저으며 대답했다.

"도대체 과일 그릇은 어디 있는 겁니까?"

그는 나를 깔보듯이 내려다보며 안경을 치켜 올리더니, 내 도구상자를 뒤지기 시작했다.

잠시후 검은 잉크 한 병을 꺼내더니, 뚜껑을 어깨 너머로 과감히 집어던졌다. 그런 다음 그는 마룻바닥에 있던 나뭇가지 하나를 집어 잉크병에 넣었다. 또, 작은 메모장을 주머니에서 꺼냈다. 나에게 뭔가를 적어주려는 것으로 생각했다. 그러나 그는 종이를 몇 장 찢어내더니 내 화판 위에 테이프로 붙였다. 그는 내게 잉크병과 나뭇가지를 건네주며 이렇게 말했다.

"자, 눈에 보이는 것을 마음대로 그리게."

마음이 자유로워지는 순간이었다. 신기하게도 실제 사람을 그리는 압박을 벗어날 수 있었다. 무엇보다, 나뭇가지 하나와 잉크로 조그만 종이 위에 어떻게 사람을 그릴 수 있겠는가? 그런데 사실은 내가 그릴 수 있었다는 것이다!

교수는 나에게 새로운 도구를 줌으로써 내가 다른 학생들과 같은 조건에 얽매이지 않고 작업할 수 있게 해줬다. 내가 조그만 나뭇가지와 검은 잉크를 사용해 그려낸 것은 사람의 형태와 비슷했다. 나는 내 자신이 정말 자랑스러웠다.

실패했다고 생각했지만 방향을 바꿔 전혀 다르게 시도해볼 기회를 얻은 것은 내게 큰 힘이 됐다. 이젠 스스로에게 그런 기회를 주는 법을 깨달았다.

곤란한 대화를 풀어가는 법

어떤 면에서 모든 사람은 나보다 낫다. 내가 그로부터 배울 수 있으니 말이다.
- 랠프 월도 에머슨 Ralph Waldo Emerson -

갈등을 적절하게 처리하는 유일한 방법은 거기에 대처하는 것이다. 대부분의 사람들은 어려운 대화를 피한다. 솔직히 말해 불편하기 때문이다. 안타깝게도 곤란한 상황을 회피하는 것은 고통을 연장시키는 일뿐이고, 나아가 분노심까지 부를 수 있다. 여기에 의사소통 능력을 높이고 당신 스스로에 대해 자신감을 가져야만 하는 이유가 있다.

다음은 곤란한 주제에 관한 대화를 쉽게 이끌고 성공을 거둘 수 있는 몇 가지 팁이다.

첫째, 의사소통의 문을 여는 주도권을 쥐고 상대방에게 이슈의 균형 있는 해결책을 찾을 수 있게 도와달라는 식으로 협조를 구하라. 그런 행동은 당신이 리스크를 감수할 정도로 충분히 신경을 쓴다는(그리고 충분히 자신감이 있다는) 것을 말해준다. 더구나 당신이 주도권을 잡았으므로, 대화 흐름은 당신 편이다. 상대방의 방어적 태도를 누그러뜨리고 참여할 기회를 넓혀주는 장점도 있다.

일단 대화가 시작되면, 상대방이 당신과 대화할 의지가 있는지를 확인하라. 또한 대화의 시작과 끝 모두를 대화에 참여해줘서 고맙다는 말로 채워라. 그것은 대화를 공동의 노력으로 만들고, 상대방에게 자신이 뭔가를 기여했다는 느낌을 준다. 또한 방어적인 태도를 누그러뜨림으로써 다음번 대화를 더욱 쉽게 만든다.

대화에 시간제한을 둠으로써도 많은 고민을 줄일 수 있다. 당신이 말하는 것도 중요하지만, 동시에 서로를 지치지 않게 하는 것도 중요하다. 30분에서 한 시간 정도는 누구나 감당할 수 있는 수준이다. 대화를 계속할 필요가 있을 경우, 며칠 내로 다시 만날 약속을 잡아라. 서로 마냥 시간을 허비하지 않도록 말이다.

각자 상대방이 말한 내용을 어떻게 들었는지 서로에게 다시 한 번 말해준다면, 서로 상대방이 무엇을 이해하고 무엇을 놓쳤는지 알 수 있다. 처음에는 다소 번거롭게 느껴지겠지만, 서로를 분명하게 이해함으로써 모두가 유익할 수 있는 방법이다. 또한 양측 모두 대화가 원하는 방향으로 가고 있다는 확신을 가질 수 있다.

타협도 때론 좋은 해결책이다. 어떻게 거기에 도달하느냐 하는 것이 결과에 대한 만족도를 결정한다. 상대에게 필요한 것을 주는 것은 포기나 양보를 하는 것과 다르다. 이때 당신의 태도가 중요하다. 대화 목표는 자만심이 아니라 확신을 얻는 것이다. 양측 모두가 필요한 것을 얻고, 예상되는 불쾌한 감정을 최대한 피하는 게 좋다.

함께 나눌 질문들이나 상대방이 했으면 하고 바라는 일을 목록으로 미리 작성해두는 것도 나쁘지 않다. 기록은 언제나 좀 더 쉽게 요점을 파악하고 주제에 집중할 수 있게 해준다. 세부적인 일에 매달리지 않고 전체 이슈를 크게 볼 수 있게 해준다.

실수를 두려워하지는 말라. 대화를 당신이 원하는 방향으로만 이끌 수는 없는 노릇이다. 때로는 사과를 하거나 생각을 바꿔야할 때도 있다. 원하는 것을 모두 얻지 못했다고 계속해서 유감을 품는 태도는 더 큰 다툼만 불러일으킬 뿐이다. 자신감에 찬 사람들은 실수를 개의치 않는다. 그들은 대개 그것을 다음번을 위한 배움의 기회로 삼는다.

전문가의 조언을 구하고 의견을 존중함으로써 당신이 아는 것을 확인하고 모르는 것을 배울 수 있다. 모든 것을 아는 사람은 없다. 그래서, 최대한 다양한 지혜를 구해야 한다. 대화가 논쟁으로 빠져들기 시작한다면 제 3자에게 중재를 요청하는 것도 좋은 방법이다. 동료와 교수, 심리치료사, 또는 당신의 의견을 변호하거나 논박하는 전문가들과 대화를 나눈다면, 미리 시간을 내 그가 어떻게 말할지 생각해보라. 보다 현명한 판단을 내릴 수 있을 것이다.

의사소통의 감정적 요소를 이해하면 문제를 더욱 쉽게 해결할 수 있다. 어려운 대화에는 여러 가지 감정이 결부된다. 반드시 진심을 담아 말하되, 감정을 앞세우지 않도록 주의해야 한다. 당신이 실제로 느끼는 점과 상대방이 당신에 대해 느끼는 점을 모두 배려해 이야기하라. 그렇게 해야 명확한 의사소통을 유지하고 죄책감이나 분노가 일어날 가능성을 줄일 수 있다.

모두가 자신의 요점을 이야기하고 합의가 이뤄지면, 다시 협의할 내용을 확인하고 일을 진행하라. 대화가 끝난 후에는 결정 내용을 다시 검토하고(단지 다음에 또 대화하기로 했다는 결론뿐이더라도), 상대방이 원할 경우 추가적인 대화에 응할 뜻이 있음을 알려라.

곤란한 대화를 성공적으로 이끌어가는 능력은 당신의 자신감을 키우고 지키기 위한 가장 소중한 도구다. 연습을 통한다면 누구나 얻을 수 있는 능력이다. 첫 단계의 불편함을 넘기는 게 중요하다. 당신도 알다시피, 일단 이슈를 테이블 위에 올려놓기만 하면 삶은 더 가벼워진다.

당장 좋아하는 일을 시도하라

젊음은 통제 불가능하다. 그 비결이 있다면 늙지 않고 어른이 되는 것이다.
— 프랭크 로이드 라이트 Frank Lloyd Wright —

필자는 훌륭한 공연이나 뮤지컬을 관람할 때마다 적어도 일주일간은 기분이 좋다. 작품 중에는 아주 뛰어난 것도 있지만, 그다지 큰 인상을 받지 못했다 하더라도 즐거운 경험이다.

애초에 그곳에 갈 생각을 했던 것, 좋은 자리를 잡은 것, 즐거운 시간을 보낸 것, 티켓을 살 돈이 있었던 것, 공연장 가는 길에 발휘한 훌륭했던 운전실력 등을 모두 떠올려보면 기분이 좋다. 나무랄 데 없는 경험을 마음껏 즐겼는데 어찌 자신감이 들지 않을 수 있겠는가?

나는 재미있는 것을 보고 들으며 미소를 지을 수 있는 밤 시간을 좋아한다. 당신이 생각하는 완벽한 밤은 내 생각과 다른 모습일 것이다. 이

역시 훌륭하다. 중요한 것은 무엇을 하느냐가 아니라, 즐거운 일을 행동에 옮길 생각이 있느냐이다.

티켓 예매사이트를 뒤지거나, 발매와 동시에 전화를 걸어 좋은 좌석을 잡는 등의 행동을 하는 것 자체가 자신감을 얻을 수 있는 활동이다.

그런데 우리는 비용과 시간, 스트레스, 그리고 시도를 방해하는 여러 생각들을 핑계로 바라는 일을 피하는 경우가 많다. 당신이 좋아하는 일을 시도조차 하지 않는다면 삶이 무의미해진다. 먹고 살기에 급급한 형편이라면 이해할만하다. 중요한 일을 먼저 해야한다. 그러나 우리 대부분은 아직 그 정도로 극심한 어려움에 처해있지는 않다.

어떤 사람들은 건강 문제가 행복을 추구하는 것을 가로막을 수도 있지만, 나는 만성 질환과 심지어 불치병에 걸린 많은 사람들조차 자신이 좋아하는 일을 할 때 기분이 좋아진다는 사실을 발견한다. 그 순간이 단 몇 분 동안일 뿐이라도 말이다. 그것이 일종의 치료라고 말하는 사람도 있지만, 나는 그것이 그저 주어진 인생을 사는 방법이라고 생각한다. 나는 매일 나 자신에게 되뇐다. 인생이란 반쯤 열린 창문이며, MTV를 통해 좋아하는 밴드에 열광하는 다른 사람들을 지켜보기만 하기보다는, 인생의 재미를 어느 정도는 직접 체험해야한다고 말이다.

즐거운 일에 참여하는 것은 자신감을 북돋아줄 수밖에 없다. 자신이 좋아하는 일을 하면 몸의 모든 세포가 살아 노래하는 기분이 든다. 그것을 마친 후에는 좀 더 하고 싶다는 생각뿐 아니라 더 잘 하고 싶다고 느낀다. 그래서 한 번 시작한 이상, 그만둘 수가 없게 된다.

한 마디로, 즐거운 일을 하면 인생이 즐거울 수밖에 없다. 우리에겐 저마다 기분이 좋아지는 일이 있으며, 그렇기에 그것을 즐기는 것이다. 좋아하는 일을 직업으로 삼으면 보다 균형 잡히고 성공적인 삶을 살 수 있다.

이렇게 자신의 삶을 창조해낸 사람들은 세상에서 가장 자신감에 넘치는 사람들이다. 그들은 어떻게든 그 일을 해냈으며, 다른 삶들로부터 존경을 받는 삶의 방식을 일궈냈다. 행복한 삶은 돈이 아니라 인생을 즐길 줄 아느냐의 문제다. 자신에 대해 좋은 기분을 갖지 않고서는 결코 이룰 수 없다.

심리학적으로 볼 때, 좋아하는 일을 하는 것은 자신의 존재보다 더 큰 어떤 것의 일원이 되는 느낌을 부여한다. 당신이 느끼는 긍정적인 느낌은 두뇌 속에 기분이 좋아지게 하는 도파민 등의 화학물질을 생산한다. 좋은 기분은 목표를 달성하거나 심지어 사랑하는 사람을 찾기 위해서도 필수적이다.

좋아하는 일을 하면 새로운 차원의 자신감을 얻을 수 있다. 그저 재미있는 일을 즐기는 것이 자신에게 좋은 일을 하는 것이라고 누가 생각이나 했겠는가?

비판하지 말라

결코 고개를 숙이지 마라. 언제나 머리를 꼿꼿이 세워라.
세상을 똑바로 바라보라.
― 헬렌 켈러 Helen Keller ―

상처를 주는 말은 누구나 좋아하지 않는다. 너무 지나치면 그 말을 한 사람과 아무도 가까이하지 않을 것이다. 그 지경에 이르면 주위에서 감정적인 도움은 포기해야 한다. 이 때 자신감 또한 별똥별처럼 사라지고 말 것이다.

우리는 동료나 사랑하는 사람들이 우리의 말을 듣지 않으려 귀를 막고 도망갈 정도로 시시콜콜 따지는지도 모른다. 사람들은 버릇처럼 비판만 해대는 사람에게는 아예 귀를 닫아버린다.

당신이 쉴 새 없이 비판을 해대면 대화를 빨리 끝내기 위해 짐짓 공손한 체 할지도 모른다. 당신은 쉽게 알아차리지 못하겠지만 상대방은 심적으로 멀어져갈 뿐이다. 당신은 상대방이 말을 귀 기울여 듣지 않을 때 조언이 존중받지 못하거나 무시당한다는 느낌을 받는다. 아무리 옳은 말이라 하더라도 받아들여지지 못한다면 자신감에 해로운 영향을 미칠 수밖에 없다.

악순환을 피하려면 말을 조심해서 해야 한다. 누군가에게 당신의 기분을 말하기 전에(또는 야단치기 전에) 당신이라면 어떻게 반응하겠는지 상상해보라. 당신의 기분이 좋지 않으면, 상대방 또한 마찬가지일 것이다. 우리는 너무도 이런 간단한 생각조차 해보지 않는다.

우리는 때로 상대에게 조언을 하는 게 의무라고 여긴다. 그러나 조언을 들어야 하는 그는 사실 최선을 다하고 있는 중이다. 그에게 이렇게 하면 더 잘할 수 있다고 말하는 것은 기껏해야 기운만 빼는 일이 되고 만다.

당신이 진심으로 누군가의 삶이나 행동, 또는 일을 개선할 수 있다고 생각한다면, 모든 사람이 자리를 떠날 때까지 기다린 다음 이렇게 말하라.

"당신이 무슨 말을 하려 했는지 알겠습니다. 내용이 마음에 듭니다. 하지만 아쉽게도 다른 사람들은 당신 의도를 알아차리지 못한 것 같군요. 괜찮다면 도움이 될 말을 해드릴 수 있는데요."

상대를 쉽게 판단하거나 깎아내리려는 의도가 없는 한 당신 말에 귀를 기울일 것이다. 이것은 당신의 의사소통 기술도 개선하는 방법이다. 다른 사람이 볼 수 없는 것을 파악할 수 있으며 이에 따른 견해가 남에게 받아들여진다는 것을 알면 자신감은 나타난다.

"무엇을 말하느냐보다는 어떻게 말하느냐가 중요하다"는 옛 속담에는 진실이 담겨있다. 누군가가 자신을 비난하려 든다면, 당신의 지혜가 아무리 대단하다 해도 받아들일 수 없을 것이다. 타인의 생각과 의도를 먼저 진지하게 검토해보기 전에는 어떤 의견을 판단하거나 거절하지 말라. 친절하게 조언만 할 수 있다면 다른 의견을 가지는 것은 상관없다.

밝은 어조로 미소를 보이며 이야기하라. 의사소통의 절반은 어투이고, 또 다른 절반은 표정이라고 해도 과언이 아니다. 진지하고 차분한 태도로 말하는 것은 상대방에게 우호적인 인상을 준다. 이것이 바로 자신감을 가진 사람들이 의사소통하는 방식이다.

격려하라

당신이 가진 것을 주는 것은 작은 일에 불과하다.
당신 자신을 내어주는 것이 진정한 베풂이다.
– 칼릴 지브란 Kahlil Gibran, 〈예언자 The Prophet〉 –

사랑하는 사람이나 친구, 또는 동료의 기분이 좋지 않을 때 격려의 메시지를 던질 수 있는 능력은 그 어떤 우울증 치료제보다 낫다. 인생에서 쓴맛을 볼 때, 주위에서 격려를 바라는 것은 자연스러운 일이다. 누군가가 정말로 당신의 감정을 어루만지고 격려의 말을 해준다면 당신 기분은 크게 달라질 것이다. 이는 너무나 간단한 원리다.

도움을 주고받는 것이 불편하다면, 자기 마음을 살펴보고 생각을 고쳐야한다. 어쩌면 당신은 세상에 대한 불신이나, 상사의 불공정한 비난에 대한 불만을 타인에게 투사하고 있는지도 모른다. 그런 태도는 자신에게 전혀 도움이 되지 않는다. 가까운 사람들과 긍정적인 도움을 주고

받는 것이 현명한 태도다.

우리는 때때로 다른 사람들의 마음을 상하게 만든다. 이는 파괴적이며, 힘들게 쌓아온 그간의 자신감마저 갉아먹는 행동이다. 긍정적인 생각을 스스로 받아들이는 능력(혹은 무능력)과 부정적 감정을 내쫓을 수 있는 힘을 정직하게 평가해보라. 당신이 감정을 무기 삼아 휘두르는 행동을 조금만 내보여도 쉽게 전쟁이 일어날 수 있으니, 자신을 냉정히 평가해보기 바란다.

누군가 당신의 기분을 좋아지게 하기 위해 곁에 있어줄 때 당신의 몸과 마음에서 흘러나오는 평안은 고통을 완화시켜줄 것이다. 당신의 기분이 좋아지면 상황에 대처하는 좋은 방법이 무엇인지 보다 분명하게 생각할 수 있을 것이다. 이 때 좋은 계획이 떠오르면 불편한 마음도 나아지고, 일을 잘 처리할 수 있다는 자신감도 높아진다.

도움이 필요한 사람 곁에 있어 주는 것은 일종의 선물이다. 그것은 언젠가 여러 가지 모습으로 당신에게 되돌아올 것이다.

"네가 걱정하고 있다는 걸 알아. 하지만 우리 함께(혹은 팀으로서) 이겨내자고." 또는 "너는 늘 잘 이겨냈잖아. 이번 일이라고 다를 게 뭐가 있겠어?" 등의 말은 그에게 큰 격려가 될 것이다. 그가 시무룩하게 앉아 있을 때는 그저 곁에 있어주는 것만으로도 도움이 된다.

당신은 삶의 거의 모든 문제를 잘 헤쳐 왔다. 자신과 주위 사람에게 이 사실을 상기시키고, 지금의 처지를 살펴보며 걸어온 길을 되돌아보자.

누군가와 감정적 격려를 주고받는 것이야말로 세상을 사는 진정한 맛이다.

당신도 저글링을 할 수 있다

차라리 필라델피아에 있을걸.
− W.C. 필즈 W.C. Fields 의 묘비명 −
생전에 그는 언젠가 그 도시에 대해 이렇게 말했다.
"아, 맞아, 필라델피아, 나는 거기서 하룻밤을 2주처럼 지냈지."

옛 코미디언, W.C. 필즈 W.C. Fields는 사실 세상에서 가장 뛰어난 저글링 실력을 가진 사람이었으며(아마도 그 시대 최고였을 것이다), 그 재능이 가져다 준 자신감으로 스타덤에 올랐다. 그는 영화의 시나리오, 감독, 제작, 연기, 묘기 및 프로모션을 모두 직접 했다. 자기 모습에 충실함으로써 누구보다 뛰어난 경력을 쌓았다. 필자는 그의 삶 자체가 저글링이라고 불릴 자격이 있으며, 그가 자기 내면의 힘을 믿었다는 증거라고 생각한다.

비록 그는 음주벽, 좋지 않은 자녀와의 관계 등에 전설적인 약점을 가지고 있었지만, 그의 믿음을 흔들 수는 없었다. 오늘날까지 수백만 명의 사람들이 그의 업적을 기억하며 사랑하고 있다. 그는 대부분의 사람들이 아무 것도 아니라고 생각하는 것을 바탕으로 대단한 일을 만들어 냈다. 바로 뛰어난 저글링 실력이다.

저글링을 배우는 일은 시간 낭비인 것처럼 보이지만, 나는 CEO부터 알코올중독 치료 환자에 이르기까지 수백 명의 사람들에게 저글링 하는 법을 가르쳐 효과를 봤다. 이 작은 기술을 배우면 괴로운 일상에서도 만면에 미소를 머금을 수 있다. 손과 눈 사이의 완벽한 조화와 향상된 집중력 등을 생각해봐도 저글링은 재미있으며, 일단 지켜보면 해보고 싶다는 생각을 들게 한다. 좋은 소식은 우리 모두가 그것을 할 수 있다는 사실이다. 많은 시간이 걸리진 몰라도, 기술을 배우는 데 특별한 재능이 필요하진 않다.

이 장이 시간 낭비라고 생각된다면, 저자 본인이 이것의 긍정적 효과를 직접 경험한 사람이란 사실을 기억해주기 바란다. 한번 찾아보라. 내 주장을 뒷받침하는 연구결과를 확인할 수 있을 것이다.

당신의 강점을 활용해 새로운 재주를 개발하는 것은 소중한 시간을 투자할 가치가 있다.

이를 통해 당신이 무엇을 그 배우느냐가 중요한 것이 아니라 배움으로부터 오는 자부심이 중요하다. 과거에서 오는 부정적 감정의 희생자가 될 필요가 없음을 깨닫는 것은 부차적인 이득이다.

나는 사업 파트너와 모여서 브레인스토밍을 할 때마다 저글링 공을 꺼내든다. 기본을 익히고 나면 능숙해질 수 있으며, 아무 생각 없이 할 수 있을 것처럼 보이는 이것이 사실은 당신의 사고와 창의력을 자극한다는 것을 깨닫게 될 것이다.

다소 바보 같은 소리로 들린다는 것을 알지만, 나는 저글링을 하다가 그만두는 사람은 한 명도 보지 못했다. 어떤 단계에 이르면 그것을 배우고 능숙해짐으로써 스스로 기분이 더 좋아지기 때문이다.

내적 강점과 허세

> 우리는 자신의 강점을 자랑하지 않음으로써 그것을 드러낸다.
> 또 우리는 타인의 강점을 두려워하지 않음으로써 그것을 존중한다.
> — 토머스 제퍼슨 Thomas Jefferson —

당신이 내면에 간직한 힘은 마치 도박장에서 칩이 다 떨어지고 현금을 찾아야겠다고 생각할 때와 비슷한 순간 비로소 발휘된다. 창조적인 내적 자원을 사용해 스스로 일을 완수해낼 때, 당신은 인생에 닥친 어떤 일이라도 해낼 수 있다는 느낌을 갖는다.

우리는 모두 다양한 분야에 강점을 갖고 있다. 그 강점을 한 데 모을 수 있다면 멋지지 않겠는가? 당신의 모든 지적 능력을 근육에 불어넣어 소파를 들어 올린다거나, 감정적 투지를 문제해결 능력으로 옮기는 장면을 상상해보라. 당신은 무적의 존재가 될 것이다. 그것이 바로 위대한 성취를 이룩한 사람들이 보여주는 모습이다. 그들과 당신의 유일한 차이는 그들은 자신의 강점을 찾아내고 활용하는 법을 안다는 것이다. 좋은 소식은 당신도 그 비법을 배울 수 있다는 사실이다.

위대한 사람들이 자신의 내적 강점을 이끌어내기 위해 가장 먼저 배운 것 중 하나는 자신이 할 수 있다고 믿는 신념이다. 그것은 그들이 자신의 능력을 충분히 훈련하고 연마해, 어렵지 않게 해결책을 찾거나 난관을 빠져나올 계획을 세울 수 있다는 것을 믿는다는 뜻이다.

직감적으로 문제를 잘 해결하는 사람들은 대개 자신의 능력을 위해 엄청난 시간을 투자한 이들이다. 그것이 쉬워 보이는 까닭은 그것이 그 투자 과정의 일부이기 때문이다. 당신의 강점이 불필요한 갈등으로 약화되는 것은 바람직하지 않다. 그러므로 매사를 단순하게 만드는 것은 의도적인 사고방식의 전환에 필수다. 에너지를 낭비하지 말라. 당신이 아는 최고의 방법을 실천한 다음, 성공적인 결과가 나올 것이라고 믿으면 된다.

내적인 강점은 순수한 것이며 허세를 부린다고 발휘되는 것이 아니다. 허세는 시간낭비일 뿐이다. 내적 강점은 꽃종이를 날리는 퍼레이드가 필요 없는, 심지어 아무도 알아주지 않는 조용한 승리를 즐기는 데서 나온다. 어떤 일에 최선의 노력이 필요하다는 것을 당신이 안다면, 대개 그 일을 성공하는 것 자체가 이미 충분한 보상이다.

당신의 내적 강점을 발휘하는 일은 어떤 면에서 예술과 같다. 자신의 힘을 발견하기 위해 먼저 조용해져야 하는 사람도 있고, 내적 강점을 찾는데 필요한 연습을 하기 위해 준비해야 하는 이도 있다.

당신만의 특별한 방법을 찾아내기 위한 또 하나의 훌륭한 도구는 바로 돌이켜 생각해볼 줄 아는 것이다. 당신은 나쁜 상황도 다 이겨냈고, 현재 어떠한 도전이 닥쳐와도 이겨낼 수 있다고 스스로에게 말해야 한다. 이는 또 다른 지원군을 마련해두는 일이다. 당신이 이보다 훨씬 큰 이슈에 대해서도 성공을 거뒀음을 기억하면 자신감을 얻을 수 있다. 새로운 문제가 전혀 얘기치 못한, 특별한 일이라고 해도 말이다.

당신의 내적 강점은 당신과 항상 함께 하는 도구다. 그것은 마음속의 스위스아미 만능칼과 같다. 주머니 속에 모든 필요한 도구가 들어있다는 얘기다. 당신은 손을 뻗어 이를 꺼내기만 하면 된다. 스트레스를 받을 때면, 우리는 내적인 자원을 사용하는 법을 쉽게 잊는 경우가 있다. 그 때가 바로 내적 강점이 가장 필요한 순간이다.

이제부터는 스트레스를 받거나 능력에 벅찬 일을 만났을 경우, 다른 어려운 순간을 어떻게 대처해왔는지 생각해보라. 이번 일에 대처할 방법도 당신의 내부에 있음을 믿어라. 분명한 것은, 당신이 필요한 내적 강점을 대부분 이미 가지고 있다는 사실이다.

깨달음은 위대한 스승들의 전유물이 아니다

천릿길도 한 걸음부터
– 노자 –

어떤 것에 도통한 사람들을 생각할 때 우리는 극히 소수만 떠올린다. 예수와 부처, 모세와 같은 영적 스승, 워런 버핏 Warren Buffett, 리 아이아코카 Lee Iacocca, 빌 게이츠 Bill Gates 등을 포함한 비즈니스 아이콘, 그리고 엘비스 Elvis, 비틀스 The Beatles, 오지 오스본 Ozzie Osborne 등의 예술가들은 모두 우리를 계몽하고 우리의 삶을 정의할 수 있도록 도와주는 인물들이다. 우리는 그들을 통해 우리의 선택과 결정에 대해 확신을 유지할 수 있다.

우리가 깨달은 사람들의 말을 받아들이는 이유는 그들의 삶이 세월을 통해 증명됐기 때문이다. 영적 스승들은 수십 년의 세월에 걸쳐 자신의 존재를 완성했으며, 우리는 수세기에 걸쳐 그들의 가르침을 받들어왔다. 예술과 비즈니스계의 거장들이 우리의 정신 속에 들어온 시간은 훨씬 짧지만, 그들의 명성은 날로 높아지고 있다. 생각해보라. 그렇지 않다면 왜 워런 버핏의 별명이 '오마하의 현인'이겠는가?

어떤 인간이 깨달음을 얻었다면, 당신에게도 똑같은 능력이 있는 것이다. 좋은 소식은, 그 깨달음을 얻기 위해 대가가 될(혹은 죽을) 필요는 없다는 것이다. 깨달음에는 다양한 종류가 있다. 그러니 당신을 종교 지도자 혹은 록 가수와 비교할 필요가 없는 것이다.

깨달은 리더는 일이 더디게 진행될 때 어떻게 자신감을 북돋우는지 안다. 깨달음을 얻은 교사는 자신의 학생들이 성공을 위해 기분이 좋아져야 할 때가 언제인지 안다. 깨달은 친구는 누군가에게 기대 울 수 있는 어깨가 필요한 때와, 그리고 그 때는 아무 말도 필요 없다는 사실을 안다. 우리는 문제를 털어놓을 사람만 있으면 그것으로 어느 정도는 마음이 안정되기 때문이다. 우리 모두에게는 저마다 다른 깨달음이 있고, 또 그것이 당연한 것이다. 모든 일에 깨달음을 얻을 수 있는 사람은 없으며, 따라서 당신은 한두 번 실수했다고 자신을 학대할 필요가 없다.

깨달음은 그것을 얻기 위해 분투하는 과정에서 자신감을 높이는 평생의 과정일 뿐이다. 당신의 생각은 바람처럼 변하겠지만, 깨달음을 얻은 당신의 영혼은 결코 흔들리지 않을 것이다.

내가 늘 생각했던 스승 GURU의 의미는 "당신은 당신이야 Gee-You-Are-You."이다.

소심한 사람은 뇌도 작다?

자신감이 부족한 사람은 뇌가 축소되면서 기억력이 감퇴하기 쉽다. 캐나다 맥길 대학의 소니아 루피엥 Sonia Lupien 박사는 영국 런던 왕립학술회에서 이렇게 발표했다. 루피엥 박사는 15년간 92명의 노인을 대상으로 뇌영상 촬영과 테스트를 병행하며 연구를 진행했다. 그 결과 자신감이 높은 사람들이 그렇지 않은 이들에 비해 기억력과 학습능력 테스트에서 더 좋은 평가를 받았다. 자신감이 떨어지는 사람들은 단순히 지적 능력에만 영향을 받는 게 아니었다. 뇌의 크기가 자신감이 강한 사람들에 비해 작게 나온 것이다.

루피엥 박사는 그러나 부정적인 사람이라도 지금 당장 사고방식을 긍정적으로 바꾸면 기능을 회복할 수 있다고 강조했다. 나이가 들수록 기억력이 저하된다는 편견이야말로 자신감을 떨어뜨려 기억력을 더욱 악화시키는 요인이 된다고도 덧붙였다. 세월이 갈수록 점점 기억력이 나빠질 수밖에 없다는 주위 전문가의 말에 절대 동조하지 말라는 의견이다. 그래야 긍정적인 자기 의식이 가능해 정말로 기억력이 감퇴되지 않는다는 설명이다.

7

역경은 우리를
더 강하게 만든다

성취감을 느낄 수 있다면 자신감도 올라간다. 성취감이란 모든 것을 가지는 데서 오는 것이 아니라, 당신이 가진 것을 감사함으로써 얻는 것이다.

자신을 사랑하라

자신을 믿어라! 당신의 능력을 믿어라! 당신의 힘에 대한 겸손하고도
합리적인 확신이 없이는 성공도 행복도 얻을 수 없다.
— 노먼 빈센트 필 Norman Vincent Peale —

자기애는 우리가 가진 자원 중 가장 덜 개발됐다. 우리는 그 누구보다 자신에게 엄격한 경우가 많다. 의식적으로 자신에게 휴식의 기회를 주고 자기 폄훼의 함정에 빠지는 것을 피하면, 당신은 인생의 중요한 부분을 위해 자신의 에너지를 절약하고 자신감도 지킬 수 있다.

자기애와 나르시시즘 사이에는 큰 차이가 있다. 나르시시즘에 빠진 사람들은 진정으로 자신을 사랑하진 않는다. 그저 사랑에 수동적으로 빠져 있을 뿐이다. 이들 마음속에는 다른 누구나 혹은 어떤 것이 차지할 자리가 없다. 자신을 제대로 사랑하는 법을 배우려 애쓴 사람들은 타인으로부터 긍정적 에너지를 받아들일 능력을 가졌을 뿐 아니라 그것을 열

배로 되돌려줄 수도 있다.

　우리가 자신을 사랑하지 않으면 자신감은 자랄 수 없다. 사랑을 받을 자격이 없다고 느낄 이유가 항상 존재하기 때문이다. 자신이나 다른 사람, 심지어 신으로부터도 말이다. 이런 식으로 자신을 학대하는 사람은 자기 삶과 인간관계에서 큰 어려움을 겪는다. 절망적인 상황이지만 그럼에도 불구하고 자기애를 발전시키고 자신감을 확보해주는 위한 여러 가지 방법은 있다.

　당신 스스로 자신의 삶의 방식에 대해 부정적인 평가를 내릴 때는 아무도 당신이 귀담아들을 만한 궤도 수정 방안을 제시할 수 없다. 그것은 당신의 머리와 가슴 속에서 나와야만 한다. 부정적인 감정에 더욱 깊게 파고들어 당신이 싫어하는 것이 당신의 현재 모습이라는 사실을 발견하면 삶을 뒤바꾸는 과정과 마주한다. 좋은 소식은, 당신의 진정한 자아와 현재 모습 사이에는 큰 차이가 있을 수 있다. 그렇기에 당신은 자신의 핵심 가치를 발견하고 그것에 따라 살아야한다. 그렇게 하지 않으면 두뇌 속의 자존감을 주관하는 영역에 불일치를 일으켜 내면에서 일어나는 감정을 제대로 이해하지 못하게 될 것이다.

　자신을 싫어하거나 사랑하지 못하게 만드는 행동을 멈추는 것은 마치 타이어를 교환하는 일에 비유할 수 있다. 당신은 우선 차를 멈추고 피해상황을 파악해야한다. 어느 타이어인가? 완전히 펑크가 난 것인가, 공기가 조금 샌 것뿐인가? 문제를 발견한 후에는, 당신에게 그것을 고칠 능력과 도구를 갖고 있음을 확신해야한다. 트렁크를 살펴보고 스페어타이어의 상태는 양호한지, 잭과 스패너가 있는지 확인한다. 펑크 난 감정을 수리하려면 먼저 당신의 스페어타이어를 살펴보라. 당신은 당신의 인생과 자기애에 중요한 영향을 미칠 행동변화를 실천할 수 있는가?

추가로 필요한 도구가 있는지도 확인하라. 훌륭하고 정직한 조언 그룹과 개인적 성장에 대한 기본적 지식, 그리고 어쩌면 험난한 앞길을 헤쳐 나가는 데 도움을 줄 훌륭한 심리치료사 등 말이다. 그렇지 않다면 당신은 개인 성장 전략을 스스로 짜야한다. 그것마저 없다면 당신의 운명을 개척하는 것이 불가능할 정도는 아니더라도 훨씬 어렵게 될 것이다.

기본적인 도구만 갖추면 당신이 자신을 사랑하는 법을 배울 뿐 아니라 주변 사람들이 당신을 더욱 좋아하게 된 것을 알 수 있을 것이다. 당신의 자존감도 더욱 높아질 것이다.

있는 그대로를 감사하라

한 사람과 그가 인생에서 원하는 것 사이에 있는 유일한 것은
시도하려는 의지와 그것이 가능하다는 믿음뿐이다.
— 리처드 M. 디보스 Richard M. Devos —

성취감을 느낄 수 있다면 자신감도 올라간다. 성취감이란 모든 것을 가지는 데서 오는 것이 아니라, 당신이 가진 것을 감사함으로써 얻는 것이다.

당신이 아직 목표에 도달하지 못했다 해도, 그 과정에서 충분히 성취감을 느낄 수는 있다. 꼭 그래야한다. 만약 그렇지 못하다면 당신은 잘못된 방향으로 가고 있거나 무언가 잘못되고 있는 것이다. 우리는 무의식에서 오는 메시지를 들을 줄 알아야 한다. 우리가 미처 알지 못하는 수많은 정보를 알려주기 때문이다.

성취감은 우리가 성숙함에 따라 변화한다. 어린아이일 때는 부모님

이 우리를 먹이고, 기저귀를 갈아주고, 보살펴주는 것만으로도 그저 좋았다. 십대가 되면서는 인기와 멋진 외모를 원했다. 마침내 성인으로 들어서면서 우리의 성취감은 전혀 방향을 달리하게 됐다. 결혼과 자녀, 직장 생활과 창업 등 고민의 범위부터 넓어졌다. 이를 통해 우리는 개인적 성취라는 성배를 얻기를 희망한다. 우리의 필요와 욕망은 시간이 지남에 따라 변하기 일쑤다. 나이에 상관없이, 당신이 내린 선택에 확신을 갖는 게 중요한 이유가 여기 있다.

자, 생각해보자. 만약 당신이 아이들을 좋아하지 않는다는 사실을 안다면, 가정을 꾸리는 일은 당신에게는 맞지 않다. 당신의 부모도 가정을 가졌고, 다른 모든 사람들도 그렇다 하더라도, 당신은 스스로 그게 옳은 결정인지 확인해야만 한다.

인생의 중요한 일을 타인의 희망에 따라 결정한다면 당신은 결코 행복해질 수 없다. 사랑하는 사람을 실망시키고 싶지 않다는 마음은 충분히 이해한다. 그렇지만 당신이 옳은 결정을 내린다는 확신이 없다면, 결정을 내리기 전에 충분한 시간을 가지고 깊이 생각하거나 글로 옮겨봐야 한다. 일단 내린 당신의 확신에는 확고부동한 태도를 취하라. 인생이 걸린 선택은 영원토록 당신을 따라다닐 것이기 때문이다.

자기 확신이 성취감을 부른다는 사실은 착한 일을 하면 자기존중을 낳는 것과 흡사한 원리임을 이해하는 게 중요하다. 자신이 하는 일에 기분이 좋고 그것이 옳은 일이라는 것을 믿는다면 당신의 인생과 사람들에 대해 좋은 기분을 가질 수밖에 없다.

어떤 것을 성취하고자 하는 것은 당신이 이미 가진 것을 진지하게 살펴본다는 의미이기도 하다. 도로시는 자신이 원했던 모든 것이 뒤뜰에 정말 존재하는지 확인하기 위해 오즈를 향해 여행을 떠났다. 그녀는 마녀와 사자, 호랑이, 곰, 날아다니는 원숭이들을 만난 후에야 비로소 성취란 단순히 원하는 것을 얻는 게 아니라는 사실을 깨달았다. 성취란 이미 가진 것을 감사하는데 있었던 것이다. 영화 '토토의 천국'에서의 토토 역시 마찬가지 진리를 깨달았다.

기운을 내라

챔피언이 된다는 것은 챔피언처럼 행동하는 것이기도 하다. 승리하는 법을 배워야하고, 패배를 받아들일 줄도 알아야한다. 누구나 실패할 수도 있고, 멋지게 성공할 수도 있다. 어느 경우에서든 자신감을 잃거나 자만심을 가지는 것을 조심해야 한다.
— 낸시 캐리건 Nancy Kerrigan —

감정에서 오는 에너지는 우리 마음을 풍요롭게 한다. 삶을 살아가는데 필요한 신체적 능력까지 부여한다. 에너지가 부족하면 자신이나 그 어떤 것에도 좋은 기분을 갖지 못하며, 스스로 기운을 더 많이 내는 것이야말로 기운을 얻는 가장 좋은 방법이다. 이상하게 들리겠지만, 무기력하거나 문제를 해결해줄 사람이 아무도 없을 때 오히려 주위에 도움의 손길을 베풀어야한다.

　이 시대는 우리가 당면한 문제에 어떻게 대처하느냐에 따라 영혼이 시험을 당할 수도, 풍성히 채워질 수도 있다. 무기력에 굴복하면 당신은 더욱 더 그런 상태로 빠져들게 된다. 그러나 어떻게 해서든 약간의 기운을 낸다면 최소한 더 나빠지지는 않을 것이다. 그렇게 하면 기분이 더 좋아질 뿐만 아니라, 우울한 상태를 탈출할 수 있다는 생각이 들기 시작할 것이다.

다음 단계는 무기력한 순간을 긍정적 기운으로 바꾸는 습관을 들이는 것이다. 무기력할 때마다 나는 밖으로 나와 호숫가에 앉는다. 약 10분이 지나면 대개 다시 정상적인 사람으로 돌아온 기분이 든다. 어떤 사람은 조깅을 하거나 책을 읽기도 한다. 당신에게 효과가 있는 어떤 방법도 좋다.

육체적으로 완전히 지쳤을 때라면 당장 자리에 누워 휴식을 취하는 게 최선일 수도 있다. 비록 대낮이라 하더라도 말이다. 나는 20~50분간 (더 길어지면 수면 리듬이 바뀔 수 있다) '효과만점의 낮잠'을 자는 정력적인 경영자들을 많이 알고 있다. 그들은 그 시간을 이용해 하루의 나머지 시간 동안 쓸 기운을 차린다. 다섯 살짜리 꼬마들조차 낮잠이 기운을 차리는 데 엄청난 효과가 있다는 것을 안다. 우리는 아이들에게서도 배울 것은 배워야한다.

늦은 오후에 찾아오는 무기력은 워낙 일상적인 일이라 몇 세기 전부터 영국인들은 '티타임'을 창안해내기도 했다. 많은 사람들은 그렇게 카페인을 조금 섭취하는 것으로 하루를 버텨낼 기운을 얻는다. 또한 주변에서 흔히 볼 수 있는 온갖 에너지드링크도 효과가 있다면 사용할 수 있을 것이다. 그러나 역시 과용은 금물이다.

당신의 기운을 북돋워줄 방법을 찾아낸다면, 그와 함께 당신의 자신감도 한층 높아질 것이다.

자기를 버리면 자부심을 얻는다

진정한 사랑이란 자기를 버리고 친구나 자녀들의 자존심을
더 아끼는 것을 말한다. 사랑은 받기보다는 주는 것이다.
― 실베스터 스탤론 Sylvester Stallone ―

자신보다 타인을 먼저 생각하는 자세는 당신의 자존감을 높인다. 도움이 필요한 사람들을 도울 수 있는 훌륭한 덕목이기도 하다. 마침 오늘 할 일이 없다면 도움이 필요한 사람들에게 도움을 베풀고 어떤 기분이 드는지 확인해보라.

웹스터 사전은 '자기를 버림 selflessness'이라는 단어를 '자신을 돌보지 않음'이라고 정의하고 있다. 나는 거기에 동의할 수 없다. 그 단어는 말 그대로 자신을 돌보지 않는다는 뜻이 아니다. 웹스터 사전은 '자신의 산소마스크를 먼저 양보한다'에 가까운 개념으로 의미를 말한다. 하지만 자신을 파괴할 정도로 자기를 버린다면 정작 상대를 돕지 못할 것이

다. 때문에 자신보다 타인을 먼저 생각하는 핵심을 놓친 내용이라 할 것이다.

진정한 의미에서 자기를 버리는 일은 자부심을 오히려 더욱 키운다. 동시에, 타인을 더 잘 돕게 한다. 스스로 당신이 옳은 길을 걷고 있으며 진심을 다 바치고 있다는 것을 깨닫게 되면 자신에 대해 좋은 기분이 들 수밖에 없다.

도움을 받는 사람들이 감사 표시를 하지 않는 경우도 간혹 있지만, 대부분은 아니다. 그럼에도 불구하고 이름을 숨기고 익명으로 베푸는 게 자신감을 얻는 데 큰 도움이 된다. 당신이 옳은 일을 하고 있다는 건 알지만 보답을 원하는 상태는 아니기에 그렇다. 그래서 상대방의 반응에 초연할 수 있다. 이는 더 높은 차원의 자신감으로 이어진다.

자신을 신뢰하라

자신을 신뢰하라. 당신은 생각보다 많은 것을 알고 있다.
― 벤저민 스폭 Benjamin Spock, 의학박사 ―

가장 먼저 자신을 믿어야한다. 그렇게 하지 않으면 자신감에 곧바로 나쁜 영향을 미친다. 당신이 존재하는 데에는 분명한 이유가 있으며, 당신이 삶에 전력을 기울이는 것은 주위 사람들에게도 소중한 일이란 사실을 믿어라.

지인들에게 당신이 그들의 삶에 어떤 영향을 미쳤는지 물어보라. 세상 속에서 우리의 가치를 발견하지 못한다면, 우리에게 좋은 일이 생길 것이라는 기대는 가지기 힘들다. 가까운 사람들에게 평가를 받음으로써 당신은 소중한 사람들의 삶에, 나아가 이 세상에 어떤 영향을 미쳤다는 느낌을 얻는다.

당신이 살아오면서 자랑스러웠던 일들을 생각해보라. 많은 것들이 있겠지만, 떠올리는 데 시간이 걸릴 것이다. 당신은 어쩌면 오래된 골동품 서랍장을 복원하는 일을 멋지게 완수했을지도 모른다. 또는 누군가에게 간단한 제안을 한 것만으로 그가(또는 당신이) 엄청난 돈을 번 일도 있었을 것이다.

당신은 훌륭한 소질을 타고 났고, 또한 신뢰를 얻을 자격이 있다. 당신의 자신감을 한 단계 발전시키기 위해서는 자기 신뢰의 씨앗을 자신의 내면에서 찾아내야 한다.

감정을 적절히 드러내라

기쁨이든 불만이든, 때때로 감정을 표출하는 것이 마음의 쉼을 얻는 방법이다.
— 프란체스코 구이차르디니 Francesco Guicciardini —

자기 감정에 솔직해지면 당신은 그만큼 더 발전한다. 더욱 훌륭한 부모, 더 좋은 파트너도 될 수 있다. 감정을 진지하게 대할수록 스스로 진실한 사람으로 느끼기에 자신에 대해 기분이 좋아질 수밖에 없다.

감정을 그저 덮어두려고만 하는 순간 우리는 바람직하지 않은 방향으로 행동한다. 다른 사람을 만나려 하지 않고, 연락을 아예 끊거나, 만나는 동안에도 진심으로 집중하지 않게 된다. 때로는 상대에게 적절치 못한 반응까지 보이기도 한다. 감정이 우리가 진심으로 원하거나, 해야 할 행동과는 다른 방향으로 이끌기 때문이다. 당신이 진정으로 느끼는 바를 (적절한 방법으로) 표현할 때, 문제는 해결되고, 인간관계의 이슈가 해소된다. 동시에 세상살이도 좀 더 쉬워진다. 불편한 감정에 얽매이지 않게 돼 삶을(그리고 자신을) 좀 더 사랑하게 될 것이다.

솔직한 감정을 드러낼 때 우리는 커다란 해방감과 활력을 얻는다. 어떤 상황에선 속내를 드러내기 힘든 게 사실이다. 예를 들어, 다른 사람이 내 방안에 있거나 조금 전까지 화가 난 상태였다면, 상대방을 공격하거나 심기를 건드리는 어조로 말하고 있지 않은지 확인해야 한다. 감정 표현의 목적은 당신의 감정을 진솔하게 전달하고 개방적이면서 정직한 사람이 되려는 것이다. 다른 사람을 당황하게 하거나 화를 돋우려는 것이 아니다.

때때로 괴로움이나 슬픔을 표현해야할 때가 있다. 하지만 많은 사람들이 그렇게 하지 못한다. 감정을 드러내기 시작하면 스스로 멈추지 못할까봐 두렵기 때문이다. 이것은 매우 흔한 오해다. 불안감으로 인해 사고가 왜곡되고 세상을 바라보는 시각이 흐려지기에 갖는 망상이다. 그러나 사실은 눈물을 흘림으로써 괴로운 마음을 내려놓고, 보다 긍정적인 사고와 감정으로 마음을 채울 수 있다. 마음을 표현하는 것은 그것을 멈출 수 있는 가장 좋은 방법이다.

우리는 좋아하는 감정이나 깊은 감동보다는 싫어하는 것을 말하는 데 훨씬 능숙하다. 당신의 삶에 도움을 준 사람에게 시간을 내 마음을 표현하라. 당신 또한 그 행동에 대해 기분이 좋아질 것이다. 당신의 에너지를 부정적 감정을 말하는 데 쏟는 것만큼 긍정적 감정을 표현하는 일에도 써보란 얘기다. 감정의 균형을 회복한 다음부터 당신은 보다 살맛나는 세상을 맞이하게 될 것이다.

우리 모두는 사실 나쁜 일보다는 좋은 일들을 경험하고 나누길 원한다. 그렇지만 막상 이를 실행하는 데엔 습관이 필요하다. 그 습관을 몸에 배게 하는 것부터 약간의 시간이 요구된다. 당신의 머릿속에서 일어나는 일을 표현하는 것은 연습의 문제라기보다는 그것을 이해하는 방식과 진정성에 관한 문제다.

당신의 입을 여는 것은 마음 또한 여는 일이다. 누군가가 당신의 감정에 진정으로 귀 기울인다는 사실을 알게 되면 자신감뿐만 아니라 영혼의 위로까지도 얻게 된다.

나비효과

나비 한 마리가 날갯짓을 하면 지구 반대편의 기후가 바뀔 수도 있다.
― 폴 에를리히 Paul Erlich ―

자신이 세상에 긍정적인 영향을 준다고 믿는다면 살아가는 데 굉장한 힘이 된다. 실제로 자신의 삶으로 이 세상이 조금이라도 더 살기 좋아진다면 모두의 인생에도 큰 의미다.

불행하게도 그 반대의 경우 또한 진실이다. 당신이 주변 사람들에게 아무 영향도 끼치지 못한다면, 당신은 무력감을 느낄 것이다. 부정적인 영향을 통해서도 힘을 얻을 수 있다고 생각할 수 있지만 그것은 어린아이들이나 감정이 불안정한 어른들이 하는 행동일 뿐이다. 자신을 좋아하기 원한다면 모든 행동에서 긍정적인 영향을 발휘하려고 애쓰라.

나비효과 이론이 제시하는 내용은, 만약 우리가 선사시대로 되돌아가 우연히 나비 한 마리를 죽인다면, 전 세계의 진화과정이 달라질 수도 있다는 것이다. 나비효과란 용어가 처음 사용된 건 나비 한 마리가 날갯짓을 하면 지구 반대편의 기후를 변화시켜 허리케인이나 기타 자연재해를 야기하거나 혹은 멈출 수도 있다는 이론을 통해서였다.

이 이론을 당신의 삶에 적용해본다면, 당신이 주변에 아름답고 사랑스러운 에너지를 발산할 때 긍정적인 영향을 이 세상 전체에 미치는 셈이다. 차선을 양보하는 등의 사소한 행동조차 삶을 뒤바꾸는 광범위한 영향력을 발휘할 수 있다. 만약 상대방이 아이의 축구 경기 시간에 늦지 않으려고 과속을 저지를 참이었다면, 당신은 사고를 미연에 방지한 셈이 되는 것이다. 친절한 행동 하나가 세상에 긍정적인 영향을 미칠 수 있다는 것을 알면 당신의 자존감은 높아질 수밖에 없다.

동기를 찾아라, 그리고 지켜라

> 매일 아침 자리에서 일어나기 전에 가장 먼저 해야 할 일은
> "나는 믿는다."라고 크게 소리치는 것이다.
> – 노먼 빈센트 필 Norman Vincent Peale –

강력한 동기는 우리 인생을 새로운 차원으로 끌어 올려준다. 대다수 사람들은 앞으로 나아갈 강력한 동기 없이 그저 자리에 앉아 요행만 바란다. 대개 삶을 통해 얻는 것도 별로 없고, 인류의 행복에 기여하지도 못하며, 자신에 대한 불만만으로 가득하다.

'동기'라는 말을 들으면 기업의 리더가 직원들을 격려하려고 제시하는 비전이나 치어리더들이 홈팀에게 "킥을 막으라"고 응원하는 모습만 떠오른다. 하지만 가장 강력한 형태의 동기는 우리 내면에서 우러나오는 것이다. 목표를 달성할 수 있다는 자기 확신을 가질 때 우리를 가로막을 수 있는 것은 사실상 아무 것도 없다.

어떤 사람들에게는 목표에 대한 비전만으로 동기가 충분하다. 하지만 다른 사람들에게는 동기를 얻기 위해 보다 강력한 명분이 필요하다. 어쨌든 일단 우리가 동기만 발견하면 두뇌는 자신이 준비됐고, 충분한 의지가 있으며, 도전에 정면으로 맞설 수 있다는 신호를 보낸다. 이로 인해 자신의 잠재력을 믿을 수 있다. 그 힘은 생각보다 매우 강력하다.

주변 사람들과 세상에 긍정적인 영향을 미치고자 하는 의도는 스스로 동기를 얻는 강력한 방법이다. 또한 삶의 질을 높이는 방법이기도 하다. 많은 사람들은 그 목표 때문에 아침에 자리에서 일어나 하루 종일 얼굴에 미소를 지을 수 있다.

동기를 발견하지 못하는 사람들은 그것을 다른 각도에서 바라보는 것이 도움될 지 모른다. 예를 들어, 매사에 동기가 부족하다는 말을 평생토록 들어왔다고 하자. 그런 말을 한 사람에게 저항하면서도 그것을 바꾸기 위해 어떤 노력도 하지 않았다면 스스로 그 말을 입증해온 셈이다. 사실 당신은 당신을 신뢰하지 못하는 사람들로부터 마음에 상처를 입은 것이다. 그들의 생각을 당신 또한 받아들였다면 상황을 벗어나긴 대단히 어렵다.

오랜 기억을 차단하거나 지워버려라. 물론 하루아침에 되는 일은 아닐 것이다. 어떤 사람들에게는 '할 수 있다'거나 '나는 이런 일을 잘 해'와 같은 긍정적 생각으로 마음을 채우는 게 좋은 방법이다. 원하지 않는 생각을 떨쳐버리면 거의 언제나 동기를 발견할 수 있다. 자신에 대해 좋은 생각을 하고 싶지 않았다면 이 책을 읽지도 않았을 것이다. 그렇지 않은가? 그러니 당신에게는 어떤 동기가 있다. 그러나 어쩌면 실패에 대한 두려움 때문에 그것과 마주하기를 다소 꺼려하는 건지도 모른다.

어떤 일을 원하면서도 그것을 얻기 위한 동기를 얻지 못한다면, 그것을 원하지 않는 것이나 마찬가지다. 자신감이든 요트를 타는 것이든, 당신은 힘을 집중시켜 목표를 향해 달려 나갈 동기를 얻어야한다. 다른 사람의 생각이나 행동 때문에 멈춰서는 안 된다. 다른 사람의 도움도 좋지만 인생에서 성공하기 위해서는 원하는 것을 얻기 위해 스스로 동기를 얻어야할 때도 많다. 행복은 원하는 것을 얻는 것보다는 그것을 향해 나아가는 과정에 있다는 점을 명심하라.

감사를 표현하라

진심으로 감사를 표하고자 한다면,
몇마디 말만 할 게 아니라 그 말에 따라 살아야 한다.
— 존 피츠제럴드 케네디 John Fitzgerald Kennedy —

살다보면 좋을 때도 있고 나쁠 때도 있다. 지난 몇 년간은 경제적 위기로 인해 특히나 어려운 시기였다. 수백만 명의 사람들이 일자리를 잃었으며, 그보다 더 많은 사람들이 똑같은 운명에 처할까 두려워했다. 그 동안 번 돈과 집을 잃은 자녀들은 부모의 가정으로 이사했으며(어쩌면 그들의 아이들을 데리고), 많은 사람들이 감사할 일들과 미래에 대한 자신감을 잃었다.

그럼에도 감사할 일은 있다.

만약 당신이 경제적으로 어려움을 안고 부모 집으로 억지로 이사한 사람들 중의 한 명이라면 가정은 이전보다 많은 사람들로 북적일 것이다. 그렇지만 그만큼 더 많은 사랑을 얻었을지도 모른다. 함께 어울리는 것을 진정으로 좋아하게 되면 불편함보다 더 큰 축복을 누리는 셈이다. 그 축복은 나중에 소중한 추억이 될 수 있다. 장을 볼 때 거들어줄 손이 더 많다거나, 외부로부터 자신감을 얻어야할 때 격려 받을 기회가 더 많다는 등의 부가적인 장점도 있다.

실직을 했거나 수입이 줄어든 사람들(우리 대부분이 그럴 것이다)일지라도 달라진 환경에 일단 적응하면 사는 게 기존과 별반 다르지 않고 말한다. 생계를 꾸리거나 또 다른 일자리를 찾는 데 있어 어려움은 있을 수 있다. 하루를 마칠 때쯤 예전보다 심적으로 더 지치긴 하겠지만, 서로가 의지가 된다는 사실에 세삼 감사하게 된다.

현재 많은 사람들이 재교육을 받는다고 알고 있다. 중년의 나이에 대학이나 직업학교로 돌아가는 것이 어떤 사람에게는 달가운 일이 아닐지도 모르겠다. 필자 역시 몇 번의 불황기에 공부를 하며 자기개발에 힘썼다. 하지만, 뒤돌아 볼 때 후회 없는 선택이었다. 비록 당시엔 무리한 결정으로 학습량도 어마어마했지만, 더 큰 자존감과 안정적인 수입, 그리고 좋아하는 일을 한다는 즐거움으로 보답을 받았다. 학교로 돌아가는 것은 실패의 상징이 아니다. 당신은 그렇게 함으로써 세상을 향해(그리고 당신 스스로에게) 현실을 견디는 패기와, 해결책을 찾아내는 창의력을 보여준다. 당신은 단지 생존을 넘어 번영을 성취해가는 사람이 된다. 자신감을 높이는 또 다른 방법인 셈이다.

인생의 어떤 영역에서 좌절을 겪을 때, 이런 태도는 당신이 가진 것과 미처 발견하지 못한 잠재력을 발견하게 한다. 역경은 우리를 더 강하게 만든다. 다만 경제위기와 힘겨운 사투를 벌이고 있는 사람들로서는 과거의 손실을 살피고 더 밝은 미래를 상상하는 일이 쉽지만은 않을 것이다. 당장 내년에 상황이 좋아질는지는 장담할 수 없지만, 언젠가는 바뀔 것이다. 그 때가 되면 당신의 우선순위 또한 달라졌음을 깨닫게 되리라고 생각한다. 인생에서 가장 중요한 것은 언제나 주변 사람들과 나누는 사랑이다. 그것은 그 어떤 것도 줄 수 없는 자신감을 선사한다. 이를 진심으로 감사하라.

인정은 돈보다 강하다

어디에서나 당신을 필요로 하는 누군가는 있게 마련이다.
- 앨버트 슈바이처 Albert Schweitzer -

자신이 영향력을 제대로 발휘할 수 있는 분야를 찾고, 동시에 다른 사람들도 자신감을 키울 수 있게 도와주면 보다 나은 삶을 살 수 있다. 그것이 바로 미래를 창조하고 우리의 삶을 충만하게 만드는 방법이다.

모든 사람은 스스로 최고 역량을 발휘하는 것을 방해하는 마음을 한 편에 지닌다. 당신의 임무는 어떤 이가 안고 있는 마음의 짐을 점검해주거나 최소한 그 존재를 알려주는 것이다. 그가 최선을 발휘하는 데 도움을 줄 것이다.

누군가가 스스로에게 좋은 감정을 가지도록 돕는 일은 고맙다고 말하는 것만큼이나 간단한 일이다. 남들에게 인정받지 못한 채 살아가는 사람이 얼마나 많은지 알면 놀랄 것이다. 그렇기에 무심코 등을 두드려주는 행동이나 손으로 쓴 감사 쪽지, 작은 감사의 표시 등은 당신이 엄청난 시간과 에너지를 할애하지 않고도 누군가를 행복하게 할 수 있는 유익한 방법들이다.

소중한 사람들에게 그들이 당신 곁에 있어 고맙다고 말한 적이 언제였는가? 당신과 함께 일하며 삶의 한 부분을 수월하게 해주는 사람들에게 인정의 표시를 해준 적이 있는가? 그들 중에는 그저 가끔씩만 만나거나 오늘날과 같은 디지털 세상에서 전혀 만나지 않는 사람도 있을 것이다. 그들이 당신 삶의 소중한 일부임을 그들에게 어떻게 알려주는가? 필자는 기회가 될 때마다 감사 편지를 쓴다. 이 때 거의 모든 사람들이 인정받기 좋아한다는 사실을 깨달았다. 사적으로나 업무상으로나 타인과의 관계를 개선하는 방법은 오직 그것뿐이다. 누군가를 인정해 자신감을 제공해주면 그 결과는 당신에게 여러 가지 방법으로 되돌아온다.

당신에 대해 호감을 가지게 하면 어떤 형태로든 좋은 일을 불러온다. 시도해보라. 당신의 인생과 당신이 인정해준 사람들의 삶이 그로 인해 더욱 나아질 것이다.

오프라 윈프리의 자신감은 독서에서 나왔다

토크쇼의 여왕, 타임지가 선정한 세계에서 가장 영향력 있는 인물 100인의 한 사람으로 선정된 오프라 윈프리.

사실 그녀는 1954년 가정부 출신 미혼모에게서 태어났다. 사생아에 흑인이었던 그녀는 어린 시절부터 놀림을 받았고, 14살 때는 친척에게 성폭행을 당했다. 정신적 충격으로 마약에 손을 대기도 했고, 한때 체중이 100kg을 넘기도 했다. 그랬던 그녀의 인생을 바꾼 것이 바로 독서였다.

"책을 통해 나는 인생에 가능성이 있다는 것과 세상에 나처럼 사는 사람이 또 있다는 걸 알았다. 독서는 내게 희망을 줬다. 책은 내게 열린 문과 같았다."

그녀는 독서를 통해 자신감과 희망을 얻고 세상으로 나오게 된 것이다. '책 속에 길이 있다'라는 말이 있다. 아무리 어려운 상황에 처해 있다 하더라도 책을 통해 그것을 극복할 방법을 찾아보라. 그 과정에서 자신감을 되찾을 수 있을 것이다.

8

옳은 결정만 내리는 사람은 아무도 없다

인생에서 실패를 한 번 이상 겪은 사람들은 제2의 방안을 마련해둔 덕분에 한두 번의 고비를 넘길 수 있었다고 말한다. 당신이 사업가이거나 미래의 선택에 있어, 또는 모든 계란을 한 바구니에 담아뒀다면, 반드시 '대안'을 마련해야 한다.

당신은 멋지다

지각이 있는 사람과 외모에만 관심이 많은 사람 간의 차이는, 후자는 옷차림으로 자신을 평가하는 반면, 전자는 그것을 웃어넘기는 동시에 무시해서도 안 된다는 사실을 안다는 것이다.
— 체스터필드 경 Lord Chesterfield —

자고로 사람들은 외모로 사회적 지위가 판단됐다.

가난한 사람과 귀족은 멀리서 그 옷차림만 봐도 구별이 가능했다 (혹은 어쩌면 그들이 풍기는 냄새로도). 그래서 옷차림은 언제나 남들에게 자신을 드러내 보이기 위한 수단이 됐다.

많은 사람들은 자신을 특별하게 봐주기를 바라는 마음으로 옷차림을 한다. 기업 경영자들은 전형적인 정장과 넥타이를 하고, 록스타들은 피어싱과 가죽, 그리고 문신을 사용해 팬들의 뇌리에 하나의 이미지를 형성한다. 사람들은 사회적인 성공은 물론, 영향력을 높이기 위해 옷을 입는다. 좋은 영향력이든 나쁜 것이든 말이다.

당신의 외모 또한 사람들에게 보이는 이미지를 좌우할 수 있다. 당신이 두 살짜리나 입는 스웨터를 입고서 섹시하다고 생각한다면 자신의 자아상을 다소 조정해야할지도 모른다. 아침에(또는 당신이 록스타라면 오후에) 어떤 옷을 입을 때 그 옷은 당신의 느낌을 어떤 식으로든 결정하게 될 것이다. 그 느낌이 마음에 든다면 힘을 얻을 수 있고, 그렇지 않다면 자신감에 악영향을 받는다.

내 친구 하나는 우울한 기분을 매니큐어로 다스린다. 그녀는 기분이 조금 안 좋으면 네일숍으로 가 매니큐어나 페디큐어를 받고, 기분이 좋아질 만한 옷차림을 한 채 쇼핑몰을 활보한다. 이로 인해 낯선 사람들로부터 좋은 눈길을 받으면 기분도 좋아진다. 그렇게 자기 확신을 얻은 다음부터 그녀를 성가시게 만드는 문제가 무엇이든 다 처리할 수 있다는 생각이 든다.

기분이 별로 좋지 않을 때는 그녀의 방법을 사용해보라(남자들이 손톱 발톱을 치장할 필요는 없겠다. 그러면 대신 구두라도 반짝반짝 닦아보라).

자신에게 멋진 외모라는 선물을 선사하면 인생이 조금 더 즐거워진다. 또한 다른 사람들도 우리가 최선을 발휘하는 것처럼 바라본다. 비록 우리가 그 순간에는 실제로 그렇지 않을지도 모르지만, 멋진 외모와 좋은 기분을 가지면 그 상태를 향해 한발 다가갈 수 있다.

틀에 박힌 정장이나 외투는 벗어던져라. 멋지게 차려입은 채 거울 앞에 서서, 눈앞에 보이는 사람에 대해 좋은 기분을 느껴라. 당신은 그럴 자격이 있다.

용서는 자신감을 낳는다

약자는 결코 용서할 수 없다. 용서는 강자의 전유물이다.
— 마하트마 간디 Mahatma Gandhi —

분노의 감정에 얽매여 있다면 더 나은 삶을 향한 길을 스스로 막고 있는 것이다. 당신에게 잘못을 저지른 사람들은 물론 자신까지 용서하는 법을 배우는 것은 자신감을 확고하게 유지하는 데 필수적이다.

용서란 당신의 주변 세상을 즉각 변화시켜 만사형통을 불러오는 주문은 아니다. 하지만 화를 풀지 않으려는 데서 오는 부정적 기운은 당신에게 괴로움을 안겨주기에 충분하며, 삶을 퇴보시킨다. 게다가 당신의 육체적, 정신적 건강에도 해를 입힌다.

다른 사람을 용서하기 위해서는 먼저 자신을 용서해야 한다. 그렇게 할 수 없다면 그 분한 심정의 뿌리와 마주해야 한다. 차분히 자리에 앉아 당신이 무슨 일로 마음이 불안한지를 자문해보라. 어쩌면 자신이나 다른 누군가에게 미안하다고 말하는 것으로 충분한 지도 모른다. 부정적 감정을 진정으로 해소하기 위해 더 깊은 성찰이 필요할 수도 있지만, 그 과정을 통해 당신은 놀랍도록 큰 해방감을 맛볼 것이다.

자신 혹은 누군가를 향한 분노가 당신의 마음을 장악하게 내버려둔 채 살아갈 수는 없다. 그런 일이 일어나면 자신에 대해 좋은 생각을 할 수 없게 된다. 부정적인 자화상을 결국 스스로 믿게 돼, 더욱 좋지 않은 생각을 하기 십상이다.

진정한 회한은 당신이나 타인을 향한 용서, 또는 잘못에 대한 뉘우침 등으로 가능하다. 이를 위한 시간을 내는 것은 괴로움을 떨쳐버리기 위해 필수라고 할 수 있다.

속죄라는 말은 용서가 이루어지는 방식을 함축해 보여준다. 잘못을 깨닫고, 올바르게 사과하고, 용서를 구하면(또는 베풀면), 당신은 과거에서 온 괴로움을 떨쳐버리고 새 인생을 살아갈 수 있다.

자신이나 자신에게 잘못을 저지른 사람을 용서할 수 있다는 것을 안다면 당신은 보다 확신에 찬 인간이 될 수 있을 것이다.

월요병 탈출법

당신의 직업에 힘든 일이 전혀 없다면, 당신은 직업이 없는 것이다.
— 말콤 S. 포브스 Malcolm S. Forbes —

월요일 아침에는 다른 날보다 심장마비, 뇌졸중, 자살, 질병 등 각종 악재가 빈번히 일어난다. 연구결과에 따르면 주말이 끝나면서 사람들의 정신은 산만하고 불쾌해진다. 별로 가고 싶지 않은 직장에 가야한다는 생각 때문이라고 한다. 일주일을 시작하면서 달력의 날짜나 직장을 바꾸고 싶은 생각이 들면 잠시라도 시간을 내 그 이유를 곰곰이 생각해보자.

우리 모두는 가끔 월요병 비슷한 것을 앓는다. 교통지옥, 따분한 업무, 또는 당신에게 힘든 일을 떠맡기기를 즐기는 듯 보이는 상사 등은 인간이라면 누구나 만나는 상황이다. 일자리를 지키기가 점점 힘들어지는 이 시대에 당신의 존재가치를 증명해야 한다는 압박은 상존한다. 유능하고 똑똑한 사람들조차 일이 잘 안 되는 날과 뭔가 다른 일을 했으면 하고 바라는 날이 있다. 인간이라면 누구나 마찬가지이다. 그렇지만 과거 어느 때보다 지금은 꿋꿋이 충동을 견뎌내는 것이 중요하며, 주어진 일을 보다 편안하게 해내는 방법을 찾는 게 필요하다.

당신이 일을 바라보는 관점과 당신 스스로 가중시키는 압박을 줄이는 법을 곰곰이 생각해보자. 당신의 지위가 확고하다는 사실을 알면서도 그 사실을 즐길 여유가 없다면, 당장 일자리가 없는 사람들이 어떻게 살아가는지 상상해보라. 그렇게 해도 가진 것을 감사할 수 없다면, 당신의 동기를 앗아가는 다른 요인이 없는지 철저히 살펴봐야할 것이다.

일자리가 불안하다거나 상황이 점점 나빠진다고 생각한다면 나머지 일주일을 버티는 일이 더욱 어려울 것이다. '일이 힘들어질수록 힘든 일이 찾아온다 When the going gets tough, the tough get going'는 옛 속담이 딱 맞는 경우다. 그야말로 지난 세월의 영광에 취해있거나 뭔가 좋은 일이 생기겠지 하고 막연히 기다릴 때가 아니라는 것은 확실하다.

매일 당신이 할 수 있는 최선을 다하라고 권하고 싶다. 눈을 돌려 취미나 부업으로 다른 직업을 찾거나 재택 사업을 시작해볼 수는 있다. 주말에 온 가족을 동원해 차고에서 조그맣게 중고물품 시장을 여는 것도 가능하다. 너무 바쁘지만 않다면, 한 번 생각해볼 필요가 있는 방안이다. 이렇게 되면 사랑하는 사람들과 좀 더 많은 시간을 보낼 수 있다. 게다가 지금과 같은 어려운 시기에 당신의 열정은 다른 사람들로부터 인정받기 쉽다.

월요일을 기대하는 법을 배우는 게 당신이 바라는 일은 아닐지도 모른다. 하지만 그것을 해낸다면 훨씬 더 살맛나는 세상이 될 것이다. 일은 인생의 일부다. 아직 일자리가 건재할 때 당신의 꿈을 위해 최선을 다하는 것만이 꿈을 향해 다가가는 유일한 길이다.

지나친 행동은 용납하지 말라

모든 사람을 사랑하되, 소수만 믿어라. 단, 아무에게도 잘못은 저지르지 말라.
― 윌리엄 셰익스피어 William Shakespeare ―

자신감이 넘치는 사람은 다른 이의 용납할 수 없는 행동을 받아들일 필요가 없다. 누군가가 부적절한 행동을 하거나 폭력적인 태도를 보일 때, 가장 좋은 방법은 당신이 어떻게 생각하는지를 알려 나쁜 행동을 막는 것이다.

그렇게 함으로써 당신은 자신을 위한 튼튼한 경계선을 구축할 수 있다. 반대로 그들이 의심스러운 말과 행동을 마음대로 하게 내버려둔다면, 당신은 그들에게 계속 그렇게 하라고 허락하는 셈이 된다.

"그만!"이라고 말하거나, 방을 나가는(또는 상대방에게 나가달라고 말하는) 것은 상대가 도를 지나친 행동을 했음을 알리고 다시는 그렇게 하지 말라는 신호를 보내는 것이다. 그 불쾌한 행동에 대해 서로 대화하는 게 필요할 수도 있다. 당신이 그 관계를 유지하고자 한다면 대화는 중요한 일이다. 때문에 방을 나가달라고만 할 것이 아니라 당신이 기꺼이 대화에 응할 용의가 있음을 알려야한다.

난폭한 행동을 그저 당하고만 있지 말라. 그것은 당신의 자신감을 가장 빨리 해치는 일이다.

대안을 마련하라

우리 모두는 인생에서 큰 변화를 맞이하는데 그것은 대개 다시 찾아온 기회다.
― 해리슨 포드 Harrison Ford ―

모든 게 우리 뜻대로 풀리진 않기에 항상 '대안'을 마련해두는 게 좋다. 후퇴 계획을 짜두면 어떤 상황이 닥쳐도 안심할 수 있으며 이것은 자신감에 찬 사람들이 공통적으로 보여주는 훌륭한 면이기도 하다.

인생에서 실패를 한 번 이상 겪은 사람들은 제2의 방안을 마련해둔 덕분에 한두 번의 고비를 넘길 수 있었다고 말한다. 당신이 사업가이거나 미래의 선택에 있어, 또는 모든 계란을 한 바구니에 담아뒀다면, 반드시 '대안'을 마련해야 한다.

농장을 잃어도 지낼 수 있는 콘도가 있다면 크게 안심될 것이다. 나는 모터 홈을 가진 사람들을 몇 명 아는데, 그들은 그것을 장만한 이유가

'만약의 경우' 집으로 활용할 수 있기 때문이라고 농담처럼 말한다. 얼마 전 로스앤젤레스에서 큰 지진이 났을 때, 모터 홈을 가진 사람들은 예전의 선택에 매우 감사하게 생각했다. 물론 그것을 갖지 못한 우리들은 이들을 매우 부러워했다.

세계 경제가 요동치는 요즘, 추가적인 수입원을 마련하는 건 매우 좋은 생각이다. 귀금속업자 겸 뛰어난 디자이너 혹은 건축이나 컴퓨터 관련 일을 하면서 학교에서 가르치는 사람, 광고업계에 종사하면서 남몰래 소설을 쓰는 사람 등은 당장 직업이 없어져도 충격을 줄일 길을 확보해 둔 이들이다.

대안은 굳이 새로운 아이디어가 아니어도 된다. 필자는 기존 경력을 새롭게 활용하는 것을 즐긴다. 나는 무대에서 기타 치던 시절의 경험으로 더 훌륭한 대중연설가가 됐고, 이는 다시 보다 나은 라디오 쇼 진행자가 되는 계기가 됐다. 나는 노래와 시에 쏟았던 에너지를 이용해 칼럼과 책도 썼다. 또 사업을 운영했던 시절의 통찰력을 사용해 다른 사람들이 사업의 능률을 높일 수 있도록 도와줬다. 모든 경험은 내가 자신감 있고 성공적인 상담가가 되게 해줬다.

내 경우와 마찬가지로 당신이 지닌 재능과 능력은 다른 일의 기초가 되고, 또 다시 다른 방향으로 활용이 가능하다.

원래 계획과 대안이 동시에 효과를 발휘할 경우도 있다. 나는 아직도 전 세계에 걸친 그룹을 대상으로 상담과 컨설팅, 저술, 그리고 연설을 하고 있다. 연설업계가 굉장히 지지부진했던 시절(9.11 직후와 금융위기), 나는 저술과 상담에 좀 더 많은 시간을 할애했다. 책이 출간되는 사이에 소강

상태가 되면, 나는 좀 더 많은 에너지를 라디오 쇼와 기업 컨설팅에 쏟아부었고, 기부 공연도 개최했다. 다양한 대안을 가지고 있으면 어느 하나가 사라져도 다른 일을 통해 그 공백을 메우고도 남을 수 있다.

그러니 약간의 창의력을 발휘해보기 바란다. 당신의 과거 경력과 현재의 재능을 살펴보라. 대안은 그리 먼 곳에 있지 않다.

그렇지만 여기서 말하는 대안은 인생에 탁월한 효과를 발휘하지만, 인간관계에도 적용되는 것은 아니다. 제2의 배우자를 두는 것은 기존의 관계를 악화시키며 모든 사람의 가슴을 아프게 할 뿐이다.

연습, 또 연습

훈련장에서 더 많은 땀을 흘릴수록 전장에서 피를 덜 흘린다.
― 무명씨 ―

어떤 여행자가 뉴욕 거리에서 지나는 행인에게 '어떻게 카네기 홀로 가느냐'고 물었다. 행인은 대답했다.

"오직 연습뿐이지, 젊은이, 연습을 해야 한다네."

당신도 꾸준한 연습으로 자기 역할을 갈고 닦아라. 주어진 역할이 무엇이든 말이다. 당신이 하는 일에 뛰어난 실력을 가지고 있다는 것을 안다면 자신감은 결코 흔들리지 않을 것이다.

아무리 같은 일을 계속해서 반복한다고 해도 연습을 지겨워해서는 안 된다. 그렇다, 음악가들은 음계를 몇 시간이나 연주하고, 운동선수들은 끊임없이 달리기 훈련을 한다. 동시에 자신이 무대에 서는 모습과 성공을 거두는 장면을 상상한다. 이런 방법으로 연습하면 자신의 일을 위한 준비를 갖출 뿐만 아니라 정신적으로 더욱 발전할 수 있다.

나는 작가로서 글을 쓰는 것 외에 다른 연습 방법이 별로 없다고 생각하지만(동의하지 않는 사람도 있을 것이다), 어떤 사람은 준비 삼아 다른 글을 읽기도 하고 글 쓰기 전에 개요나 노트를 작성하기도 한다. 이런 준비는 모두 마음에 드는 작품이나 공연을 위한 훌륭한 연습 방법이다.

어떤 유명한 음악가는 단 하루라도 연습을 하지 않으면 금방 차이를 느낄 수 있다고 말한다. 이틀을 연습하지 않으면 스승이 알아채고, 사흘을 연습하지 않으면 청중이 눈치 챈다고 한다. 그래서 그는 매일매일 키보드 앞에 앉아 그의 예술을 연마함으로써 자신감을 높인다.

자신감을 높이는 비결은 당신이 좋아하는 일을 매일 연습하는 데 있다. 때로는 생각을 현실로 바꾸는 정신적 훈련을 할 필요도 있다. 더욱 발전할 수 있다는 기대만으로 연습하는 것을 좋아한다 하더라도 당신은 새로운 차원에 들어선다. 끊임없이 실력을 다듬을 수 있는 마음을 키울 수 있다는 점에서다. 여기에 즐거움을 느낄 수 있다면 연습은 훨씬 더 쉬워질 것이다. 우리는 모두 연습이 완벽을 만든다는 사실을 알고 있다. 연습은 나아가 자신감도 키워준다. 많은 이들이 미처 깨닫지 못하는 진실이다.

욕망의 노예가 되지 말라

나는 매일 아침 일어나서 포브스 미국 최고부자 명단을 살펴본다.
내 이름이 거기 없으면, 그 때 일하러 간다.
— 로버트 오브 Robert Orb —

욕망은 우리에게 동기를 부여하는 가장 강력한 힘이다. 그 욕망은 주변 사람들의 인생을 개선해주는 방향에 있어야 한다. 지나친 욕망은 당신의 가치관에 반할 수 있다. 그것은 아무 것도 얻지 못하는 일보다 훨씬 고통스러운 결과를 낳는다.

다가갈 수 없는 누군가를 지나치게 갈망하면 당신은 물론 다른 사람에게도 고통만 안겨줄 뿐이다. 이미 사귀는 사람이 있는데도 파트너 외의 다른 사람에 대해 욕망을 느낄 때 파트너는 수상한 낌새를 느낀다. 실상을 완벽히 알 수는 없지만, 뭔가 잘못돼간다는 사실을 알 수는 있을 것이다. 그렇게 되면 관계에 금이 가게 된다.

본인도 곁에 있는 사람의 단점과 당신이 갈망하는 사람이 가진 매력을 대비해 생각하기 시작한다. 이런 생각의 대부분은 당신 머릿속에서 일어난다. 당신이 욕망의 대상이 되는 사람과 얼마나 많은 '순간'을 함께 지냈는지에 상관없이, 그(혹은 그녀)와 함께 할 삶이 어떤 것인지 당신은 모른다. 이 사실을 명심하라.

욕망의 문제에 대해 좀 더 심도깊게 논의하기 위해 다른 얘기를 해보자. 당신이 원하는 게 자신의 재력으로 감당할 수 없는 것이라면, 빚을 지는 일은(특히나 요즘과 같은 경제상황에) 현명하지 못한 방법이다. 최악의 경우에 남아있는 당신의 꿈을 짓밟아버릴 수도 있는 행동이기도 하다. 전혀 필요 없는 일에 없는 돈을 빌려 쓰는 것은 당신의 영혼에 끝없는 구덩이를 파는 것과 같은 행동이다.

마음속 공허감은 결코 이런 방법으로 채워지지 않는다. 당신이 분에 넘치는 생활방식을 가지고 있다면 당신의 행동을 냉정하고 철저하게 살펴보기 바란다. 신용카드를 몇 개 잘라버리거나 TV홈쇼핑 채널을 차단해버리는 게 현명할지 모른다. 이렇게 한다고 해서 당신의 낭비벽이 금세 사라지지는 않겠지만 최소한 삶의 한 부분에 변화가 있어야한다는 사실을 일깨우는 데는 도움이 된다.

대다수의 사람들은 삶을 더욱 발전시키려는 희망을 가지고 있다. 우리는 이것을 야망이라고 한다. 그것은 맹목적으로 흐르지만 않는다면 매우 좋은 것이다. 어떤 대가를 무릎쓰고서라도 얻는 성취에는 감정적 손실이 너무 크다. 신분상승을 꿈꾸는 당신에게 미치는 손상이 클 수 있다. 당신을 도와준 사람들과 멀어질 가능성도 있다.

경력을 쌓아가는 최선의 방법은 당신이 갈망하는 성공을 함께 성취해나갈 후원 그룹을 형성하는 것이다. 시간이 좀 걸리는 일이지만, 지금보다 더 나은 사람이 될 수 있는 방법이다. 동료들을 짓밟고 얻어낸 것에 비해 당신의 지위도 오랫동안 지속될 것이다.

욕망을 적절히 활용하면 당신이 원하는 바를 얻는 데 도움을 준다. 도덕성을 지키는 것 또한 당신의 목표에 포함돼야한다는 사실을 잊지 말라.

품위 있는 일류가 되라

> 품위는 자만심을 배제한 채 발산되는 강력한 자신감의 기운이다. 품위는 돈과 상관없다.
> 품위 있는 사람은 절대로 겁먹지 않는다. 그것은 자기 훈련이며, 자기 인식이다.
> 당신이 인생을 개척할 수 있음을 증명하는 확실한 징표다.
> — 앤 랜더스 Ann Landers —

노숙자들을 돕는 지역 자선단체 후원행사에서 배우 마틴 쉰Martin Sheen을 만났다. 누군가 나를 그에게 소개하자, 그는 나에게 악수를 건네면서 이렇게 말했다.

"안녕하세요, 마틴 쉰입니다."

두 가지 생각이 내 머리를 스쳤다. 먼저 '뭐 굳이 소개를…' 하는 생각이었다. 두 번째는 당시 최고의 TV쇼 〈더 웨스트 윙 The West Wing〉에 출연하고 있던 스타라고 해서 내가 당연히 그를 알거라고 거들먹거리지 않는 그의 태도가 품위 있다는 생각이었다.

세상에는 두 가지 종류의 사람이 있다. 품위를 지닌 사람과 그렇지 않은 사람이다. 전자는 잘난 체하지 않고, 우아하며, 친절하다. 그들은 자신감과 따뜻함의 분위기를 발산한다. 당신의 사명은(당신은 이것을 받아들여야한다) 품위있는 일류가 되는 것이다. 자신감이 당신에게 뭔가를 제공한다면, 당신을 아끼는 사람들을 위해서라도 그런 사람이 되어야한다.

다시 생각해보기

원하는 모든 것을 얻지 못했다면, 원하지 않는 것 중에 얻지 못한 것을 생각하라.
— 오스카 와일드 Oscar Wilde —

생각은 언제나 다시 해볼 수 있다. 자신감에 찬 사람들조차 현명한 일이라고 생각해서 결정을 내려놓고도 다시 생각해보는 경우가 있다. 그것은 정상적인 행동이다. 그러나 결정을 습관적으로 다시 생각하다보면(사소한 물건을 사는 일이든 대규모 비즈니스 거래이든) 매사에 자신을 의심하게 될 수도 있으므로, 사고 과정을 잘 이해해 시도하는 것이 중요하다.

재정적 선택의 관점에서 '구매자의 후회 buyer's remorse'라고 부르는 게 있다.

상당한 금액을 치르고 물건을 산 다음 과연 잘한 일인지 의심해본 없는가? 우리는 비용과 얻은 것을 비교해보고, 우리의 수입과 경제상황을 살핀다. 이 때 혼란에 빠져 '내가 최선의 거래를 한 것일까' 하고 의심하는 교묘한 생각이 스며든다. 새 집을 새거나, 신규 대출을 받거나, 자동차나 바캉스 등의 큰일을 저지르고 나서 자책감에 시달리는 것이다. 이로 인해 아무리 멋진 휴가를 보내고 있거나 훌륭한 물건(새 차, 집, 평면TV 등)이 앞에 있어도 눈에 들어오지 않는다.

모든 일에 옳은 결정만 내리는 사람은 아무도 없다. 당신이 거의 언제나 정확한 선택을 해온 사람이라면 더군다나 실수를 저지르거나 다시 생각하는 일이 생길 때 남들보다 훨씬 불안해진다.

그러나 다시 생각하는 일은 자신감의 수준을 확인하고 보다 큰 그림 속에서 당신의 결정이 얼마나 큰 영향을 미치는지 자문해볼 수 있는 기회이기도 하다. 대부분의 경우, 심지어 엄청난 규모의 구매 결정을 하고 난 후에도 방향은 바꿀 수 있다.

어떤 결정을 하고난 뒤 기분이 좋지 않다면, 그것을 되돌릴 수 있다. 대부분의 상품도 잘 알아보면 환불이 가능하다. 재고충당비용이나 이자 비용을 물어야할 때도 있지만 말이다. 이런 경우 재협상을 해야만 한다. 바가지를 썼다는 느낌이 드는데도 그냥 가만히 있을 수는 없기 때문이다.

결정을 하고난 후에 가지게 되는 두려움은, 설사 돈을 잃지는 않는다 해도 체면이나 비즈니스 계약, 또는 최악의 경우 친구까지 잃게 만들 수 있다. 훨씬 회복하기 어려운 것이 바로 자존감이다. 당신은 자신의 판단력을 믿어야한다. 그리고 뭔가가 정말로 잘못됐다고 느낀다면 어떤 거래든 되돌릴 권리가 있음을 믿어야 자신감을 가질 수 있다.

논외지만, 큰 결정은 금요일에 하지 말라. 당신이 옳은 결정을 내린 것인지 고민하느라 황금 같은 주말을 온통 날려버릴 수도 있기 때문이다.

뭔가 잘못됐다는 느낌이 들어 마음을 바꿨다면, 그대로 밀고나가라. 그래야 곧이어 닥칠 논쟁에 앞서 보다 자신감을 가질 수 있다. 거래란 양측 모두가 그로부터 최고의 이익을 누린다고 인정해야만 성립되는 것이다. 한쪽이 이용당하거나 억지로 떠밀렸다고 느낀다면, 결국은 둘 모두 기분이 좋을 수는 없는 것이다.

친구를 가족처럼 여기라

삶 속에서 언젠가 내면의 불길은 드러난다. 그것은 다른 인간과 만나면서 불꽃으로 타오른다. 우리 모두는 내면의 영혼을 다시 불붙여준 사람들에게 감사해야 한다.
― 앨버트 슈바이처 Albert Schweitzer ―

많은 사람들이 매일 외로움을 느낀다. 그럴만한 이유는 있다. 사랑하는 사람들과 헤어졌거나, 가족 중의 누군가가 세상을 떴을 수 있다. 스스로 고독을 택하여 모종의 내적 평화를 추구하는 경우도 있다. 문제는 외로움을 겪는 사람들 대부분 자신감이 뿌리부터 흔들리는 것을 경험한다는 사실이다.

어떤 사람들은 학대와 무시로 인해 가족들을 떠난다. 이것은 자기 보호의 행동이며 생존을 위해서는 어쩔 수 없는 선택이다. 만약 당신이 어쩔 수 없이 가족과 헤어졌다면, 힘을 내기 바란다. 당신은 혼자가 아니다.

불행한 환경이 어쩔 수 없이 주어진 것이든, 스스로 선택한 것이든, 그 결과와 해결책은 하나뿐이다. 가족과도 같은 친구들을 만드는 것. 이는 많은 사람들에게 아주 적절한 해결책이다. 당신을 지지해주고 언제나 곁에 있어주는 가깝고도 다정한 친구들을 가진다는 것은 하나의 축복이다. 이러한 관계에는 성공적인 모든 가족이 지닌 정도의 헌신과 신뢰가 필요하다.

결혼한 사람이 독신으로 지내는 사람보다 오래 산다는 이야기를 들어본 적이 있을 것이다. 수명에 대한 연구 결과는 홀로 지내는 사람이 여럿이 함께 사는 사람보다 일찍 사망한다는 것을 보여준다. 그렇지만 이것은 결혼 여부와는 별로 큰 관계가 없다. 중요한 것은 다른 사람과 어떤 관계를 맺고 사느냐는 것이다.

관계를 맺는다는 것은 다른 사람과 더불어 사는 것을 말한다. 당신이 자신보다 더 큰 어떤 존재의 일부라는 것을 느낄 수 있는 사람이나 활동과 함께 말이다. 다른 사람과 어울려 지내면 혼자서는 얻을 수 없는 것을 얻을 수 있다.

그래서 오랜 우정은 중요하다. 당신이 살아온 역사를 다른 사람과 나눔으로써 강력한 관계가 형성되기 때문이다. 학교 친구를 동창회에서 다시 만났을 때 그 관계가 더욱 강해지는 것 같다. 이것은 우정뿐만 아니라 로맨틱한 관계에도 해당된다.

새로운 친구를 사귀는 일은 치매를 예방하는 방법이기도 하다. 이로 인해 새로운 방식으로 생각하고 느낄 수 있기 때문이다. 우리가 어떤 일을 다르게 시도할 때마다 두뇌 세포의 연결은 강화된다. 새로운 관계에는 새로운 정보를 받아들여 처리하고, 바람직한 결과를 성취하려 애쓰는 노력이 수반된다.

어떤 사람과 친구가 되는 생각보다 어렵지 않다. 인간이라면 대개 자신을 좋아하는 사람을 좋아하게 돼있기 때문이다. 우호적인 질문을 던짐으로써 알고지내고 싶은 사람에게 당신의 관심을 보여줄 수 있다. 영화와 책, 신문 칼럼에 관한 당신의 생각과 견해를 나누거나, 새로운 식당에 함께 갈 수도 있다.

가족과 같은 친구를 만들 때는, 당신의 삶에 그들을 받아들이기로 선택했다는 사실을 명심하라. 최선을 다해 그들을 존중하라. 그들의 존재가 위안이 될 것이다. 친구를 만들기 위해서는 당신이 먼저 친구가 돼야 한다.

당당한 사람이 오래 산다

어려운 가운데도 침착하게 목표를 이룰 수 있다고 자신하는 사람은 장수한다. 마키 라크만 Margie Lachman 심리학 박사 및 미국 브랜다이스 대학과 로체스터 대학 등이 공동으로 선행 연구들을 종합 분석하고 추가 실험한 결과다. 자기 통제력이 강한 사람들은 통제력이 낮은 사람들에 비해 크게는 세 배나 조기사망률이 낮았다. 특히 교육 수준이 낮은 그룹군에서 자기 통제력이나 자신감이 장수에 있어 중요한 변수가 된다는 설명이다. 연구는 25세에서 75세까지의 다양한 사람들을 14년이나 추적해 이뤄졌다. 연구대상만 6135명이었다.

연구팀은 연구에 응한 참가자들에게 "때때로 자신의 삶으로부터 밀려나 있음을 느끼는가?"라는 질문을 주고 자신이 느끼는 정도를 1~7등급으로 매기도록 했다. 그 결과, 고등학교 졸업 이하의 학력을 가진 이들은 대학이나 대학원 졸업자들보다는 평균적으로 수명이 짧지만 자기 삶에 대해 스스로 제어할 수 있다고 생각하는 이들은 그렇지 않은 이들에 비해 조기사망률이 현저히 낮은 것으로 나타났다. 라크만 교수는 "높은 수준의 자기 통제력과 성취 의지는 사망률에 있어 저학력이라는 악조건을 상쇄하고 남았다"고 설명했다.

9

숨길 것이 없는 게 진정한 자신감이다

아예 시도해보지 않는 것보다는 차라리 수백 번이라도 실패하는 쪽을 택하라. 인생은 실망하고 주저앉아있기에는 너무 짧으므로, 일을 성취할 방법은 너무나도 많다. 당신은 할 수 있다.

당신의 능력을 인정하라

내면으로부터 '나는 그림을 그릴 수 없어' 하는 목소리가 들려도 기어코 그림을 그려라.
그러면 그 소리는 사라질 것이다.
— 빈센트 반 고흐 Vincent Van Gogh —

인정받는 일은 최고의 동기요인이다. 그래서 주위 팀원에게 업무를 훌륭히 한 노력을 인정한다고 말하는 것은 당신이 줄 수 있는 최고의 선물이다. 사랑하는 누군가에게 '곁에 있는 것만으로 힘이 된다'고 말해주는 것도 당신이 해줄 수 있는 최고의 칭찬일 것이다. 자신감이 없는 사람들에게 부족한 점은 정작 스스로의 능력이나 업적을 제대로 인정하지 못한다는 것이다.

우리가 자신의 진정한 모습을 파악해 스스로 최고가 될 수 있다는 신념을 얻으면 얼마나 좋을까. 자기 역량에 미치지 못할 때마다 기분은 나쁠 수 있다. 그러나 보다 넓은 관점에서 자신을 바라볼 수 있어야한다.

진정한 자신감을 가진 사람들은 과거에 자신이 성공을 거뒀고 다시 해낼 능력이 있으며 또 그렇게 되리라고 믿는다.

자기 재능을 알고 진정으로 받아들이면 당신은 거의 모든 상황을 헤쳐 나갈 수 있다. 자신을 믿기 위해서는 당신의 능력을 인정하면서 동시에 자신을 격려할 수 있어야한다. 이것은 결코 자기중심적 행동이 아니다. 자신감을 당신의 사고과정과 생활방식으로 습관화하기 위해 꼭 필요한 일이다.

승리를 거뒀거나 훌륭하게 일을 마쳤을 때는 자신에게 남몰래 잘했다고 칭찬해보자. 이 때 오는 즐거운 기분을 만끽하라. 자신이 지닌 최고의 모습을 발견하는 것은 더 나은 사람이 되는 훌륭한 길이다.

중요한 것은 결단이다

> 나는 인간이 우리가 아는 것보다 훨씬 더 많은 재능을 가지고 태어났다고 믿는다.
> 대부분 천재로 태어나서 너무도 빨리 둔재가 돼버린다.
> — 벅민스터 풀러 Buckminster Fuller —

삶은 어려운 것이다. 위대한 업적에 커다란 보상이 따르는 이유는 바로 삶이 어렵기 때문이다. 삶의 매 순간엔 결단이 필요하다. 결단하는 기술을 연습하면 눈앞에 닥친 역경에 대처할 능력 뿐 아니라, 번영을 구가할 역량도 함께 높인다.

심리학자인 스티븐 트뤼도 Stephen Trudeau 박사는 이렇게 말한다.

"노력이 저항에 부딪칠 때 그것을 이겨낼 결단력이 필요하다."

그는 이 말을 할 자격이 있는 사람이다. 그는 바쁜 심리치료사이면서 동시에 〈특수아동 양육에 관하여 The Special Needs of Parenting〉를 저술하기도 했다. 이 책은 뇌성마비를 앓는 그의 아들 데빈을 기르면서 경험했던 그와 그의 아내 메리의 기쁨과 도전에 관한 책이었던 것이다.

여러 가지 점에서 트뤼도 박사를 존경한다. 그들 부부는 아이가 정상적으로 태어나지 못할 것이라는 사실을 알았고, 심지어 아이가 부모의 이름을 알 수도, 의사소통을 할 수도 없으며, 온전한 수명을 누릴 수도 없을 것이라는 말도 들었다. 그러나 그들은 아이를 낳기로 결단을 내렸고, 그 결정에 충실했다.

처음에는 엄청난 어려움이 컸다. 수술도 여러 차례 했고, 지금도 마찬가지다. 내 아이가 고통에 시달리며 병원과 의사, 주사, 그리고 모든 낯선 진단에 놀라는 모습을 지켜보는 것이야말로 세상에서 가장 힘든 일이었을 것이다. 그렇지만 가족은 서로 단결했고, 그들의 사랑은 아들의 미래를 위한 결단과 더불어 더욱 성숙해갔다.

오늘날, 데빈은 활발한 십대 초반의 청소년이다. 비록 보행 기구에 의지해야하지만 자기 삶에 완벽히 적응하고 있다. 다른 아이들과 스포츠를 즐길 수는 없어도, 아버지의 모터사이클 사이드카에는 탈 수 있고, 그럴 때마다 당연히 사람들의 이목을 한 눈에 끈다.

그 가족이 내 집에 올 때면, 데빈은 계단을 오르내리기를 즐긴다. 시간은 오래 걸리지만 혼자 하겠다고 단호히 말하며 결국 해낸다. 데빈은 아직 어린아이다. 그 나이 또래가 다 그렇듯이 고집불통이다.

그는 자신의 불편함 때문에 못하는 것은 없다고 믿는다. 장애를 만날 때마다 이를 극복하는 법도 찾아낸다. 때때로 어른의 도움이 필요할 때도 있지만, 대부분 스스로 해낸다. 전동모터보트를 조종하는 법을 배워 선장 역할을 매우 진지하게 완수하기까지 했다. 배에 탄 아이들은 그의 지휘 하에 모두 얌전히 앉은 채로 장난조차 치지 않았다.

도전에 직면할 때마다 꿋꿋이 헤쳐 나가겠다는 결단은 가족 모두에게 도움이 됐다. 이들은 어떤 어려움 앞에서도 좌절하지 않았다. 그 결과 강한 자신감과 결속력을 가지게 됐다. 개인의 확고한 결단은 많은 것을 성취하게 한다. 가족까지 그 결단을 특별한 가치로 공유할 때 긍정적인 결과들은 더욱 증폭된다.

당신이나 가족 중의 누군가에게 닥친 어려움으로 자신감이 흔들린다면 트뤼도 가족의 이야기를 통해 힘을 얻기 바란다. 어떤 일이 닥치더라도 극복은 가능하다. 언제나 결단력과 자신감을 발휘할 수 있다는 사실을 믿어야한다.

거짓말하지 말라

전 거짓말을 못해요… 제가 손도끼로 그 나무를 벴어요.
— 조지 워싱턴 George Washington —
파슨 윔스 Parson Weems가 쓴 〈조지 워싱턴의 생애 The Life of Washington〉
중에 나온 유명한 일화에서

자신의 거짓말을 인정하는 사람은 많지 않다. 이유가 뭘까?

스스로 떳떳치 못해 존엄성을 잃기 때문이다. 거짓말을 할 때 우리는 곤경에서 빠져나왔거나 누군가를 멋지게 현혹시켰다고 생각할지도 모른다. 그러나 사실 그것은 스스로의 자존감과 자신감을 갉아먹는 행동일 뿐이다. 거짓을 말할수록 스스로에 대한 신뢰가 추락한다.

거짓말에는 여러 종류가 있다. 방어적인 거짓말은 책임을 지지 않거나 곤경에서 빠져나오려고 하는 것이다. 진실을 꾸며서 자신을 더욱 돋보이게 하거나 실제보다 더 대단한 존재로 보이려는 거짓말도 있다. 아마도 가장 흔한 종류는 다른 사람의 감정을 상하게 하지 않으려는 의도의 거짓말일 것이다. 우리가 얼마나 많은 방식으로 거짓말을 할 수 있는지 생각해보면 그 창의력에 절로 감탄이 나올 지경이다.

우리가 내뱉는 거짓말과 위선적인 언사, 그리고 과장 어린 언급은 언젠가 우리에게 그 여파가 되돌아온다. 거짓말이 쌓이면 이미 했던 말을 뒷받침하기 위해 또 다른 거짓말을 계속 해야한다. 그러다 보면 금세 자신의 거짓말이라는 거미줄에 얽매여 옴짝달싹하지 못하게 된다. 거짓말을 너무 많이 했다고 여겨지기 시작했다면 이제는 그것을 털어놓을 될 때가 됐다. 자백은 자신의 영혼을 위해 아주 좋은 일이다.

거짓말이란 어떤 것인가? 많은 사람들이 편의상 사용하는 정의는 진실을 말하지 않거나, 거짓을 말하는 것이다. 이는 어릴 적부터 배워온 너무나 단순한 의미다. 이제껏 내가 들은 것 중 거짓말을 가장 제대로 표현한 말은 이렇다.

'진실을 알 자격이 있는 사람에게 거짓을 말하거나 진실을 빠뜨린 채 말하는 것'.

그러면 진실을 알 자격이 있는 사람이 누구인지는 누가 결정하는가? 바로 당신이다. 당신은 스스로에게 정직하게 도덕적 삶에 헌신하며 그 자격을 갖춘다.

정확한 설명을 위해 한 가지 사례를 보여주겠다.

낯선 사람이 내 은행 계좌에 돈이 얼마나 들어있는지 내게 묻는다. 나는 그에게 사실을 말해줄 어떠한 의무도 없다. 진실을 알 자격이 없기 때문이다. 그 사람과도 아무 상관없는 일이다. 그러나 내 아내가 지난 금요일 퇴근 후에 어디서 시간을 보냈는지 묻는다면, 나는 정확히 어디서,

누구와, 무엇을, 왜 했는지 말해줄 것이다. 사실을 알 자격이 있는 사람이기 때문이다.

사람들은 종종 '하얀 거짓말'을 해야 하는 상황을 핑계로 들먹인다. 물론 다른 사람에게 상처를 줄 정도로 속속들이 사실을 말할 필요는 없다. 내 할머니가 볼품없어 보이는 옷을 입었는데, 그 옷을 자랑스러워하신다면 나도 하얀 거짓말을 할 것이다. 아주 사랑스러워 보인다고 말할 것이다. 좋은 기분을 망칠 필요가 없기 때문이다.

당신이 얼마나 대단하고, 멋지며, 운 좋고, 놀라운지에 대해 거짓말은 하지 말라. 믿지 못할 수도 있지만, 당신은 지금 모습 그대로도 충분히 재미있는 사람이다. 게다가 대부분의 사람들은 어차피 당신을 믿지 않는다. 떠벌리는 거짓말이나 과장된 자랑은 대개 듣자마자 바로 알 수 있다. 자신에 대해 정직한 진실만을 고수하라, 그러면 얼마나 많은 사람들이 당신을 있는 그대로 좋아하는지를 알고 깜짝 놀랄 것이다!

거짓말은 불필요한 스트레스를 유발한다. 진실을 말하는 습관을 들이면 삶이 자유로워진다. 누구에게 무슨 거짓말과 허풍을 말했는지 기억하느라 아까운 두뇌를 허비하지 않아도 되므로 당신은 좀 더 고요하고 느긋한 기분을 만끽할 수 있고, 스트레스도 훨씬 줄어든다.

방어적인 거짓말을 하지 않으면 좀 더 자유로워질 수 있다. 당신이 근로계약 위반 혐의에 휘말렸다면 거기에 대한 최선의 대응책은 당신의 실수를 인정하고 즉각 시정 조치를 하겠다고 약속하는 것이다. 실수를 덮기 위해 방어적인 거짓말을 하면 조만간 그 여파가 우리를 따라다닌다. 완벽한 사람이 되는 것보다는 결함이 있지만 그것을 고칠 의지를 가진 사람이 되는 편이 훨씬 더 낫다.

삶에서 거짓말을 모두 몰아내면 평화로운 마음과 자신감을 얻을 수 있다. 아무 것도 숨길 필요도, 두려워할 필요도 없다는 것을 아는 것보다 더 큰 자신감은 없다. 양심에 거리낄 것이 없으므로 편안한 잠을 누릴 수 있을 것이다.

▶ 이 장은 스티븐 트뤼도 박사와 공동으로 집필했다. www.humansguide.com

고결한 태도

많은 것을 가진 사람은 많은 것을 베풀어야 한다.
− 무명씨 −

자기 자신을 명예롭고 정직한 사람으로 여길 때, 당신은 긍정적인 방향으로 단호하게 나아갈 수 있다. 도덕성이 견고한 사람들은 대개 자신감에 찬 사람들이다. 그들의 가치는 흔들리지 않는 기초 위에 서 있기 때문이다.

무엇을 해야 옳은지를 아는 것과 당신 말을 실천하는 게 옳다는 사실 사이에는 엄청난 차이가 있다. 정의를 지키기 위해 수많은 전쟁이 벌어졌지만, 이것은 당신의 신념을 다른 사람들에게 강요하라는 것이 아니다. 고결함은 우리가 모든 일에 최선을 다하도록 하는 성격특성이다. 우리가 이런 사고방식을 가진다면 결코 실패하지 않을 것이다.

다른 사람들에게 좋은 일이 당신에게도 좋다고 생각한다면, 당신은 균형 있고 자신감 넘치는 삶을 살고 있는 것이다. 고결한 사람은 친구나 가족, 또는 사업 동료가 성공하는 것을 보면서 기쁨을 느낀다. 시기나 질투는 끼어들 틈도 허락하지 않는다. 그들은 타인에게 좋은 일이 찾아오면 그 긍정적 기운이 자신에게도 미친다는 원리를 안다. 그들은 또한 사람들을 돕는 행동은 언제나 자신에게 되돌아와 강력한 순환 고리를 만든다는 것을 알기에 이를 실천한다.

중세시대 때 일부 현명한 귀족들은 왕국 백성들의 삶을 개선시키는 데 관심을 쏟았다. 그들은 모든 사람이 자신 스스로는 돌보지는 못한다는 점과, 그래서 그들에게 약간의 도움을 제공하는 것이 유리하다는 사실을 깨달았다. 그로 인해 권세는 계속될 수 있었다.

이처럼 긍정적 에너지가 주는 성과를 알면 그 실행은 쉬워진다. 또, 당신의 삶의 목적이 당신의 생각보다 더 크고 위대하다는 사실을 깨닫게 해준다.

고결한 갈망을 가진 사람들은 기꺼이 옳은 일을 하면서도 많은 것을 바라지는 않는다. 그들은 자신에게 주어진 특권을 좋은 일에 사용하고, 그 결과가 남에게 돌아가기를 바란다.

당신이 '지고의 선'에 관심을 기울인다면, 자아의식과 자신감이 더욱 강해질 뿐만 아니라 인생에서 더 많은 것을 얻게 된다. 옳은 일을 하면 경이로운 감정을 경험할 수 있다. 그 감정은 당신이 사랑하는 사람들을 도울 때만 나온다.

인생을 자신만을 위해 살 수 없다는 사실을 배우는 것은 성숙의 문제가 아니다. 그것은 우리가 세상을 더 살기 좋은 곳으로 만드는 방법이다. 세상이 더 살기 좋은 곳이 되면 당신의 삶도 더 나아진다. 고결함은 모두에게 좋은 결과를 낳는다.

작지만 밝은 빛

자신의 생각을 믿는 것, 우리 마음 속 진실이 모든 사람을 위한 것이라고 믿는 것,
그것이 바로 천재성이다.
- 랩프 월도 에머슨 Ralph Waldo Emerson -

때로 일상의 조그만 사건이 어려운 시간을 이겨낼 수 있는 힘이 된다. 그것은 인생에 있어 조그맣고 밝은 빛이다. 가게 바로 앞에서 주차공간을 발견하거나, 청바지 주머니에서 우연히 20달러 지폐가 나왔을 때, 또는 사랑하는 사람에게서 한 줄기 기쁨의 눈빛을 볼 때가 그런 순간이다. 이런 작은 일들이 삶에 큰 변화를 불러온다.

좋은 기분이 오래 가지 않을 수도 있지만, 괜찮다. 난관을 겪고 있을 때 잠깐만이라도 그 속에서 빠져나오는 것은 바람직한 일이다. 스트레스를 받거나 침체감에 빠져있으면 행복과 멀어진다. 비록 혼란스런 와중이라도 잠깐 동안이나마 긍정적인 감정을 경험하면 기운을 차리고 문제

해결에 한 발 다가설 수 있다.

문제에서 벗어나 잠깐이나마 휴식을 취하면 사물을 다른 각도에서 볼 수 있다. 물론 문제는 여전히 그대로 존재하지만, 문제에 파묻혀있던 때보다는 압박감이 덜할 것이다. 골치 아픈 문제와 싸우는 와중에도 미소를 짓거나 호탕하게 웃을 수 있다는 사실을 알면 한결 힘을 얻는다. 그러나 그런 여유를 찾기 힘든 경우가 많으므로, 주의가 필요하다.

애완동물을 기르는 사람들은 대개 자신의 동물이 행복한 모습을 보면서 일상의 빛을 발견한다. 암울한 시간을 보낼 때조차 그 네 발 달린 짐승들은 여러 모습으로 기분전환의 기회를 선사한다. 나는 많은 사람들에게 길 잃은 개나 고양이를 구해 길러보라고 권한다. 동물들 못지않게 (그보다 더는 아닐지라도) 사람에게도 유익하다.

산책을 하거나 멋진 풍경을 바라보면 영감을 얻거나 마음이 치유된다. 그 곳까지 장거리 운전을 해야 하는 일이 있더라도 말이다. 산책을 하는 동안은 가능한 한 아름다운 경치를 찾아 흠뻑 빠져라. 이를 통해 정신과 가슴을 채우려 노력하면 어두운 시기를 겪는 동안에도 여전히 밝은 태양이 빛나고 있다는 사실을 새삼 알 수 있다.

미처 신경 쓰지 못한 작은 일까지 잘 풀릴 때, 친구나 가족과 함께 있을 때, 또는 사소한 일들이나마 성취감을 느낄 때, 우리는 긍정의 기운으로 충전돼 빛을 발할 수 있다. 삶을 밝히는 방법은 누구나 경험하면 더욱 잘 익힐 수 있는 일이다. 자신을 속이지 말라. 모든 사람들은(오프라 윈프리 조차) 힘든 시간을 겪게 마련이다. 그것을 연습하는 우리는 작은 승리를 자축하는 법을 배우는 것이다.

일상에서 소소한 행복을 찾는 일이 그리 대단하게 보이지는 않겠지만, 어쨌든 시도해보라. 그리고 당신의 어려움에서 벗어나는 일에 마음을 열어보라. 조그맣지만 밝은 일상의 빛은 한 번에 하나씩 천천히 일어날 것이다.

실망에 대처하는 법

> 아이스크림콘을 들고 있다가 한 덩어리가 떨어질 때의 실망감은
> 나이를 먹는다고 줄어들지 않는다.
> — 짐 피빅 Jim Fiebig —

일이 잘 안 풀릴 때가 있다. 당신이 일하는 분야엔 늘 머피의 법칙이 작동한다. 그래서 때론 사는 것에 대해, 심지어 자신에 대해 환멸을 느낄 수 있다.

대부분의 사람들이 자신감에 넘치는 이들은 결코 실망하지 않는다고 생각한다. 그러나 사실은 각자 다른 방식으로 저마다 실망감이란 감정에 대처하고 있다. 자신감 있는 사람들은 그렇지 않은 이들보다 어떤 것을 포기하는 비율은 훨씬 적다. 좋은 소식은 누구나 실망감을 보다 잘 다루는 방법을 배울 수 있으며, 그 과정에서 자신감도 키울 수 있다는 것이다.

실망감에 빠진 사람들이 보이는 반응은 하루 종일 드러눕거나, 자신에게 환멸을 느끼며 낮은 성과를 내는 등 여러 가지로 나타난다. 실망감에 허우적거리며 스스로에게 등을 돌리거나 비난한다면, 괴로운 감정만 쌓이고 기운이 빠질 것이다.

일이 원하는 대로 되지 않을 땐 거기에 대처하는 자신만의 방법을 찾아야한다. 인간관계가 깨지거나 비즈니스 기회를 잃는 일, 혹은 재정적 손실을 입는 일 따윈 세상을 살아가면서 한번쯤 마주친다. 이 때 머리에 이불을 뒤집어쓴 채 숨어버린다면 당신은 실망을 안겨준 경험을 발전의 토대로 삼거나 최소한 그것으로부터 배울 수 있는 기회를 놓친다.

좌절을 맛봤을 때 슬픔을 느끼는 것은 정상이다. 자신감 있는 사람은 그 감정을 건설적으로 발산한다. 기분이 좋아질 수 있는 계획까지 세울 줄 안다. 이를 위해서는 모종의 감정적, 신체적 분출구를 마련해야 한다. 예를 들면 집이나 야외에서 일하거나, 심리치료사를 만나거나, 운동을 하거나, 그 밖에 자신의 감정을 떨쳐내고 다시 가다듬을 수 있는 어떤 일이라도 해보는 것이다. 그런 다음 불만족을 상쇄할만한 어떤 행동을 취해야 한다.

처음에 느꼈던 실망감을 근본적으로 치유할 수는 없겠지만, 다른 일을 해 기운을 높이고 건설적인 일을 이루어냄으로써 기분을 좋게 할 수 있다. 당신이 어떤 상황을 맞이하고 있는지에 상관없이, 양말 서랍을 청소하거나, 장미나무의 가지를 쳐주거나, 나중에 위대한 작품이 될 소설을 써봄으로써 자기 자신과 현 상황에 대한 기분을 전환할 수 있다는 말이다.

실망에 빠졌을 때의 기분은 돛단배를 타고 가다가 바람이 멎어버린 상황과 비슷하다. 당신은 주저앉아 넋을 잃은 채 실의에 잠길 수도 있고, 반대로 노를 꺼내 다시 한 번 힘차게 배를 저어갈 수도 있다. 외딴 섬에 도착할지 멋진 낙원에 도착할지는 모른다. 그러나 그 자리에 계속 있다가는 물고기 밥이 되어버릴 테니, 노 젓기를 시작하는 것만이 유일한 위기 해결책이다.

비참한 상황에 대해 잠시 절망하는 것은 지극히 정상이다. 그러나 그대로 머무를 것인지를 결정하는 건 당신의 선택이다. 아주 간단하고 확실하다. 아예 시도해보지 않는 것보다는 차라리 수백 번이라도 실패하는 쪽을 택하라. 인생은 실망하고 주저앉아있기에는 너무 짧으며, 일을 성취할 방법은 너무나도 많다. 당신은 할 수 있다.

완벽은 나중에 생각하라

어떤 결점은 크게 보면 오히려 필요한 요소다.
오래된 친구가 별난 점이 하나도 없다면 그것이 이상하다.
— 괴테 Goethe —

사람들이 나에게 글 쓰는 방법을 물어오면, 나는 그저 종이 위에 생각을 토해내면 된다고 말한다. 머리에 든 생각을 그저 종이에 옮겨놓기만 하면 된다는 뜻이다. 종이에 뭔가를 적다보면 새로운 방향을 찾을 수도 있고, 미처 생각지 못했던 내용을 덤으로 얻을 수도 있다. 뭔가를 성취했다는 생각이 들기도 한다. 당신의 생각으로 종이를 빽빽이 채우다보면 자신도 모르게 커다란 자신감이 생긴다.

글을 잘 쓰는 최선의 방법은 일단 앉아서 시작하는 것이다. 작가로서 내가 경험으로 얻은 진리다. 처음부터 지나치게 완벽을 추구하지는 말라. 그저 끝까지 완주하고 싶다는 생각만으로 충분하다. 모든 글이 다 뛰어날 수는 없지만, 언제든지 고칠 수 있다. 편집이란 작업이 그 때 필요하다. 나는 될 수 있는 대로 글을 자주 쓴다. 더디더라도 착실히 하는 편이 결국 이긴다는 옛 속담이 나에게는 완벽한 진리다. 당신에게도 마찬가지일 거라고 믿는다.

나는 월간 칼럼으로 작가가 된 후 여러 주간 칼럼을 쓰기 시작했다. 처음에는 단 두 줄을 채우는 것만으로도 쩔쩔맸지만, 어느 정도 시간이 지나자 글이 쉽게 나왔다. 다음으로 나는 첫 번째 책을 쓰기 시작했다. 커다란 도전이었지만, 그 일 또한 일상에 녹아들었다. 이제는 글 쓰는 시간이 기다려질 정도다. 당신이 읽고 있는 이 책은 그런 과정을 거쳐 탄생한 나의 네 번째 책이다.

글쓰기를 시작하는 것보다 더 어려운 게 있다. 며칠 동안 한 가지 일에만 매달리는 것이 그렇다. 단번에 완벽한 작품을 만들어내야겠다고 생각하면 일이 엄청나게 느려지기만 할 뿐이다.

일을 효율적으로 진행하기 위해서는 전체적인 틀이나 개요와 시간표부터 작성하는 것이 가장 좋다. 그것을 지키려고 노력하되, 처음부터 모든 일이 제대로 될 것이라 믿지는 말라. 필요할 경우 쓸 수 있는 여유를 확보하도록 애써라. 글쓰기를 처음 시도했는데도 꽤 훌륭한 결과가 나올 정도로 재능을 타고난 사람도 있다. 당신이 그런 사람이 아니라 하더라도 더 많이 시도할수록 더 잘 할 수 있다는 사실만 기억하라.

오해하지 말라. 나는 완벽을 사랑한다. 단지 처음부터 그럴 필요는 없다는 것뿐이다. 지나치게 완벽을 추구하는 태도는 창의성에 방해가 된다.

나이는 숫자에 불과하다

나이가 들어갈수록 어떤 일에 놀라기가 힘들다.
— 진 폴 리히터 Jean Paul Richter —

10대 시절, 노츠베리 팜(캘리포니아 부에나파크에 있는 테마공원 - 옮긴이)에서 이런 내용의 간판을 본 적이 있다.

"늙는 것을 한탄하지 말라. 그것은 소수에게만 주어지는 특권이다."

나는 이 말을 항상 기억하며 신조로 삼았다. 그 말 때문에 나는 세상에 살아있는 동안 후회를 덜하며 생을 즐겼고, 또 미래를 자신감 있는 태도로 바라볼 수 있었다.

당신이 나이 들기를 거부한다면 세월과 함께 삶에 점점 부정적이 된다. 그 태도는 삶의 다른 영역으로 전염돼 당신의 자존감까지 갉아먹을 것이다. 당신은 당신 자신이며, 당신의 나이 또한 그대의 것이다. 있는 그대로를 받아들이는 것만이 충만한 인생을 사는 유일한 길이다. 젊은 날만 그리워하고만 있으면 지금 이 순간과 경험에서 오는 자신감, 또는 연륜에서 오는 지혜를 음미할 수 없다.

제임스 테일러 James Taylor는 이렇게 노래했다.

"인생의 비밀은 시간의 흐름을 즐기는 데 있다."

이보다 더 맞는 말이 없다. 물론 또 다른 비밀들이 있겠지만, 이 말이야말로 인생의 참맛을 알려준다고 생각한다. 매일 찾아오는 날을 사랑하지 못하고, 그 시간 속에서 얻을 것을 얻지 못한다면 당신은 회한으로 잠이 들고 불안과 함께 잠을 깰 수밖에 없다. 당신이 사는 곳과 당신의 나이, 그리고 곁에 있는 사람이 최선이라고 믿으면 자기계발 CD로 방을 가득 채우지 않고도 훨씬 더 즐겁고 자신 있는 삶을 살 수 있다.

누구나 무기력한 노인이 되고 싶지는 않다. 훌륭하고도 남을 삶의 질을 누리고 싶다. 이렇게 말하는 이유는 나이를 먹으면 불리한 점이 있다는 것을 알고, 실의에 빠지는 것도 싫기 때문이다. 언젠가는 건강에도 이상이 올 것이고, 움직임도 느려지겠지만, 실망하진 않을 것이다. 천천히 사는 것은 주변 세상을 더 잘 살펴볼 수 있는 가장 좋은 방법이지 않은가?

사람은 언젠가는 죽기 마련이고, 지금 있는 곳에서 최선을 선택하며 사는 수밖에 없는 것이 현실이다. 그렇게 하지 않으면 마땅히 즐거움을 누리며 살아야할 당신이 언제나 '이랬어야하는데, 저랬어야하는데'하는 말만 입에 달고 살 것이다. 그렇게 되면 나이가 얼마나 들었든 불안한 감정을 가지고 살 수밖에 없다.

당신의 처지에 충실하게 살아라. 나는 "어르신들이 짱이야 Old Guys

Rule."라고 쓰인 티셔츠를 입은 사람들을 보면 마음이 흐뭇해진다. 그 글엔 삶의 여유가 엿보인다. "늙어가는 건 당연하지만 늙은이처럼 행동하지는 않겠다"는 식의 의지가 담겼다. 이는 매일을 살아가는 데 필요한 유머를 발휘하는 것이기도 하다.

나는 40-50에 들어서 진정한 인생과 사랑, 혹은 경력을 시작하는 사람들을 많이 봤다. 그들은 인생 후반기에 훨씬 더 많은 일들을 성취한다. 당신도 그런 사람이 될 수 있다는 것을 보여주기 바란다.

가식을 버려라

반대하더라도 무례하게 굴지는 말라.
— 버락 오바마 Barack Obama —

자신감은 불안감이나 신경증이 아니라 긍정적인 심리로부터 얻어야한다. 전자에 따른 행동은 겉으로 보기에(최소한 5분 정도는) 자신감 있는 태도로 보일 수 있지만, 결코 진정한 자신감일 수는 없다. 진짜 자신있는 사람은 그렇게 보이려고 애쓰지 않아도 그렇게 된다.

아무 것도 보여줄 필요도, 거짓된 꾸밈도 없는 것이 진정한 자신감이다. 사람들은 억지로가 아니라 오직 자발적으로만 누군가를 존경한다. 당신이 자신의 존재에 대해 정직하지 못하다면, 사람들은 결코 당신을 지지해주지 않을 것이다. 가식을 내려놓기 전에는 결코 원하는 관계를 맺을 수 없다. 진실해지는 것은 약한 모습이 아니다. 자신의 취약성을 노출하는 게 아니란 얘기다. 오히려 인간으로서 성장하는 모습을 보이는 것이다. 부정직한 언사나 뻔히 들여다보이는 헛소리만으로는 결코 원하는 목적을 이룰 수 없다. 당신의 의도를 투명하게 공개할 때에만, 당신은 앞으로 나아갈 수 있고 누구와도 협력하여 함께 성공을 거둘 수 있다.

정중함, 공동체 의식, 그리고 자신의 진정한 모습을 기꺼이 인정하는 태도, 이것이 바로 자신감의 요체다. 자신을 포함해 모든 사람들이 제기하는 문제를 인정하고, 가장 친절한 태도로 당신의 의견을 말하라. 그렇게 할 때 모든 사람들이 함께 성장할 것이다.

학력과 공부는 별개다

어떤 일도 그 경험을 현명하게 사용한다면 시간 낭비가 아니다.
― 오귀스트 로댕 Auguste Rodin ―

어린 시절, 부모님은 나를 학교에 결석까지 하게 하면서까지 여행을 데려갔다. 아버지는 견문을 넓히는 것이 학교에서 배우는 어떤 것보다 더 교육적인 일이라고 믿었다. 그 생각에 반대할 수는 없었다. 나는 부모님이 전국 방방곡곡을 구경시켜준 덕분에 자라면서 다양한 일을 경험할 수 있었고 그 때문에 살아오면서 부딪힌 다양한 상황에 대처할 수 있다고 생각한다.

아이들을 학교에 빠지게 하고 여행에 데려가겠다고 하면 다들 깜짝 놀란다.

"숙제를 못하게 되고, 진도 따라잡는 것도 버거워 같은 반 친구들이 매번 도와줘야 할 텐데요."

옳은 걱정이다. 그러나 오늘날은 다양한 기술적 도움으로 수업을 따라갈 수도 있고, 홈스쿨링이라는 대안을 택할 수도 있다. 가족과 함께 여행을 떠나는 것은 가족 간에 끈끈한 유대를 경험할 수 있는, 또한 교육적인 기회다. 그런 유대감은 아이와 부모인 자신 모두의 자신감을 키우는 데 매우 중요한 역할을 한다. 아이에게 유익한 일을 하는 것보다 더 기분 좋은 일은 없다.

나의 선생님 중 한 분인 타이거 부인은 우리에게 그룹을 만들어 다른 사람을 돕는, 이른바 '사회적 행동' 프로그램에 참가하도록 권장했다. 팀워크가 주는 역동성, 여행을 통해 얻는 지식, 그리고 여러 곳에서 만나는 다양한 사람들이 대학에서 배우는 것보다 훨씬 더 큰 깨달음을 줄 수 있기 때문이다. 사회적 행동 프로그램을 통해 얻은 자신감은, 비록 5학년짜리 몇 명이 세상을 바꿀 수야 없었겠지만, 확실히 나를 변화시켰고 내 삶의 일부가 됐다.

나는 여행을 다니며 자녀들에게 홈스쿨링을 하는 가족들을 알고 있다. 자녀들이 대개 다시 학교에 돌아간 후에 동급생들을 앞지르는 경우가 많다. 내가 아는 한 다른 나라에서 교육받은 이들은 대학 진학에 대해 남다른 태도를 보인다.

부모들 역시 많은 것을 배우고, 성장하며, 자신이 자녀들을 자신감 있게 키우려고 최선을 다한다는 생각에 흐뭇함을 느낀다.

행복전도사 닉 부이치치

　전세계를 누비며 희망을 전하는 행복전도사 닉 부이치치. 1982년 그는 해표지증이라는 장애를 갖고 태어났다. 해표지증이란 팔다리가 없거나 남들보다 짧은 증상으로 10만 명 중 1명꼴로 발생하는 희귀병이다.

　그는 2013년 우리나라의 예능프로그램에 출연하여 자신의 이야기를 들려주었다.

　6살이던 1989년 캐나다 회사가 그에게 인공 팔을 제안한 적이 있다. 그는 하나로 붙어있던 발가락을 분리하는 수술을 받아 발로 글자를 쓸 수 있었다. 발이 있기 때문에 인공 팔이 필요 없다고 제안을 거절했다.

　그날 방송에서 닉 부이치치는 "예전에는 팔과 다리가 있으면 행복해질 거라고 생각했다. 하지만 팔과 다리가 있어도 행복하지 않을 수 있다. 팔다리 대신 평화를 얻고 삶의 목표를 이루고 사랑하고 사랑받고 싶다"고 말했다. 이어서 그는 "절대 포기하지 마라. 내가 할 수 있으면 여러분도 할 수 있다"며 한국 시청자들에게 희망의 메시지를 전하기도 했다.

　〈오체불만족〉으로 잘 알려진 일본인 오토다케 히로타다도 닉 부이치치와 같은 장애를 갖고 있다. 그 또한 긍정적인 마음과 자신감으로 장애를 극복하여 현재는 초등학교에서 아이들을 가르치고 있다. 이들은 '어떻게 태어났느냐보다 어떻게 사느냐가 더 중요하다'는 교훈을 우리에게 전한다.

10

용감한 사람은
무작정 전쟁터에 뛰어들지 않는다

원하는 게 마치 이미 이루어진 것처럼 행동하는 것은 자신감을 키울 수 있는 멋진 방법이다. 그것은 당신에게 육체적, 감정적으로 이미 성공한 느낌을 선사한다. 다른 사람들도 눈치 챌 수 있는 모종의 느낌을 전염시킨다.

다른 사람의 장점을 보라

나는 마음이 아플 때까지 사랑하면 아픔은 사라지고
사랑만 더욱 커진다는 역설을 발견했다.
― 테레사 수녀 Mother Teresa ―

내 친구 댄 매덕스Dan Maddux는 대공황 직전에 새로운 프로젝트를 시작했다. 라스베이거스에 '미트MEET'라는 2800제곱미터 규모의 전시장을 개장하는 것이었다.

경제 위기와 함께 인생 최악의 시련을 맞이했지만 그는 결코 프로젝트를 포기하지 않았다. 도시의 경제적 전망이 사막과도 같았던 바로 그 시기에도 자신감을 잃지 않은 것이다. 그의 첫 번째 재무 파트너는 프로젝트 비용을 더 이상 조달할 수 없었지만, 매덕스와 그의 팀은 끈질기게 밀어붙인 끝에 마침내 그의 비전과 사업계획을 진심으로 신뢰하는 금융업자를 찾아낼 수 있었다.

매덕스는 언젠가 이렇게 말했다.

"경제가 좋을 때는 누구나 돈을 벌 수 있다. 하지만 어려울 때는 다르다. 나는 이전부터 좋지 않은 상황 속에서 많은 것을 배운 터였고 그런 일을 다시 겪고 싶지 않았다. 그래서 보통 사람들과는 다른 방향으로 움직였다. 되돌아보면 과거의 모든 것이 나를 위한 교육이었다는 생각이다."

나는 그에게 거의 모두가 예산을 삭감하는 판에 대규모 전시행사를 열 수 있었는지 물었다. 대답이 걸작이었다.

"진짜 바이어들은 여전히 그대로 있다. 관람객이 없고 참여율이 저조해도 말이다. 사실은 그 때 더 훌륭한 행사가 될 수 있다. 전시업체들로서는 최고의 클라이언트들에게 집중할 시간을 더 확보하는 셈이니까. 이 경우 예전보다 큰 바이어와 계약으로 이어질 가능성이 높다. 우리는 다양한 시장이 존재한다고 믿고 있다. 일거리가 사라지고는 있지만 우리는 여전히 평소처럼 사업을 운영한다. 언론이 '라스베이거스의 종말'이니 뭐니 떠들어대고 있지만 말이다."

라스베이거스는 경쟁 도시들에 비해 훨씬 빠른 회복세를 보이는 곳으로 자리매김하고 있다.

사태를 예의주시하고 두려움에 사로잡히지 않은 것이 매덕스의 중요한 성공 요인이었다. 미래를 향한 전망도 게을리 하지 않고 있다.

그는 지난 일을 되돌아볼 때 자신이 처음부터 자신감을 갖추진 못했다고 기억한다. 그러나 분명히 몇 가지 역량을 지니고 있었으며, 여기에 집중했다. 그는 자신이 갖추지 못한 것이나 남들이 더 많이 가진 것을 보기보다는 스스로에게 이렇게 말했다.

"와우, 나도 그리 나쁘거나 바보는 아니군." (그는 어릴 때부터 이렇게 말하곤 했다)

그는 자신의 결점이라고 생각하는 부분을 남들이 주목하지 않도록 하기 위해 두 배는 더 열심히 일했으며, 대체로 다른 사람들보다 더 창의적이고 세심했었다는 것을 깨달았다. 그는 모든 일에 최고가 되겠다는 생각을 버리고 자신에게 부족한 역량을 다른 사람에게 찾으면 된다고 생각했다.

"내가 갖지 못한 재능을 갖춘 사람이 회사에 들어오는 것은 나에 대한 위협이 아니다. 나 자신을 보강하는 것이다."

매덕스의 말이다. 그는 자신보다 부족한 사람에게서도 무엇인가를 배운다. 그는 말한다.

"나는 가장 보잘 것 없는 사람으로부터도 최고의 교훈을 얻는다. 나쁜 행동을 보면 나는 그 상황에 어떤 식으로 대처할 수 있는지를 자문한다. 그것은 내가 성공하기 위해 필요한 통찰력을 제공해준다."

매덕스가 사용한 방법 중 하나는 사람들을 세 시간 정도 인터뷰하는 일이었다. 한 시간도 괜찮지만 두세 시간 더 할수록 그 사람의 진면목을 볼 수 있다고 믿었기 때문이었다.

제대로 된 한 사람만 뽑아도 엄청난 일을 할 수 있다는 게 매덕스의 생각이다.

"마음이 맞지 않고 창의적이지도 않으며 바람직한 의도를 갖지 못한 사람과 일하면 비즈니스를 망칠 수도 있다. 따라서 우리는 가치관이 맞는 사람, 그리고 자신의 문제를 초월하여 우리의 문화와 사고방식을 남들에게 이해시켜 그들로부터 최선을 이끌어내는 사람들만 데리고 일한다."

그는 계속 말한다.

"흔히 오만하거나 불도저 같이 밀어붙이는 사람을 보면 능력 있는 사람이라고 생각한다. 정말로 능력 있는 사람들은 그런 행동을 보이지 않아도 된다. 그것은 거짓된 자신감을 나타내는 가면일 뿐이며, 그런 행동은 하지 않는 게 좋다. 나는 이상하게도 이제 막 사회 생활을 시작한 사람들보다 성공의 정점에 다다른 사람들에게서 부정적인 면을 더 많이 봤다.

자기 자신을 아는 것을 넘어 자신이 남에게 어떻게 비쳐지는 지를 파악해야 한다. 더불어 사람들이 어떤 방식으로 무엇인가의 긍정적인 면을 꿰뚫어보며 판단을 내리는지를 충분히 이해하는 것은 남으로부터 호의와 이해를 얻는 최선의 방법이다. 당신이 매사에 있어 전체적인 그림과 동시에 선한 것, 정직한 요소를 발견하고 인정하며 의사소통할 때 사람들은 당신이 뭔가 다르다고 느끼게 된다. 나는 직원들에게 우리는 뭔가를 판매하는 사람들이기에 고객 서비스의 기본으로 돌아가 인사부터 제대로 하자고 늘 강조한다. 누군가가 당신에게 부정적인 커브볼을 던지더라도 당신이 그 중에서 마음에 드는 특성에 집중한다면 대화나 거래를 이어가는 것이 둘 모두에게 훨씬 쉬워질 것이다."

매덕스가 권장하는 바는 다음과 같다.

"모든 사람들에게 친절하게 대하려고 노력하라. 특히 서비스 직종에 있는 사람들이나 당신의 안전을 책임지는 사람들, 예를 들어 항공기 승

무원들이라면 말이다. 당신을 아는 사람과 언제 마주치게 될지 모를 일이다. 더 많은 사람들이 주목하는 높은 지위에 있을수록 최선의 모습을 보여줘야 남들로부터 오해를 사지 않을 수 있다. 불편한 이슈에 대해서조차 미소를 지으며 말하는 법을 배워야 한다. 사람들이 모두 보고 있기 때문이다. 사람들은 남이 잘못되는 것을 보기를 좋아하며, 나는 우리 팀의 아량 넓은 모습 외에는 그 어떤 것도 남들에게 보이고 싶지 않다.

사람들의 마음을 정말 알고 싶다면 그들이 발언권을 얻었을 때의 모습으로 판단하지 말라. 다른 사람이 주시하지 않을 때 그들이 이야기하는 모습을 보라. 그래야 그들의 진정한 모습과 그들이 중요시하는 것, 또 그들로부터 원하는 것을 많이 얻어내는 데 필요한 것이 무엇인지 알 수 있다."

매덕스의 조언은 자신감을 개발하는 데에도 중요한 단서가 된다. 그는 자신의 업적을 높이는 일뿐만 아니라 어떤 사람이라도 입장을 잘 이해했기에 갖가지 상을 수상했다.

이미 성공한 사람처럼 행동하라

자신을 바라보는 관점과 어긋난 방식으로는 일관된 성과를 올릴 수 없다.
― 지그 지글러 Zig Ziglar ―

원하는 게 마치 이미 이루어진 것처럼 행동하는 것은 자신감을 키울 수 있는 멋진 방법이다. 그것은 당신에게 육체적, 감정적으로 이미 성공한 느낌을 선사한다. 다른 사람들도 눈치 챌 수 있는 모종의 느낌을 전염시킨다.

우리는 모두 "성공한 사람처럼 행동하면 그대로 이루어진다", 혹은 "보라 그러면 존재할 것이다"와 같은 말들을 숱하게 들어왔다. 이는 누군가의 경험에서 우러난 것이다. 그렇다면 우리도 한 번 시도해보는 게 어떨까?

꿈이 이미 이뤄진 것처럼 행동하는 것을 사기를 치는 일따위로 오해하지는 말라. 나 아닌 다른 사람인체하며 수만 달러의 신용카드 빚을 지는 것과는 의미가 다르다. 감정의 힘을 이용해 일을 원하는 방향으로 흘러가게 하는 것이다.

예를 들어, 당신이 만약 경영자가 되고 싶다면, 그들처럼 행동하는 일부터 시작하라. 적절한 비즈니스 수트를 입고, 일찍 일어나 하루를 계획하며, 중요한 잠재고객을 만나라. 이 모두를 혼자 집에서 하는 한이 있더라도 말이다. 쉽게 말해, 풀타임 직장을 가진 사람처럼 행동하면 실제로 그런 일자리를 쉽게 찾을 수 있다. 하루 종일 일하고 성공하는 사람처럼 행동하는 것에 익숙하니 말이다.

또한 '의도의 힘 The power of intention'을 사용해볼 것을 권한다. 이 말은 베스트셀러 〈시크릿 The Secret〉에 자주 등장하며, 웨인 다이어 Wayne Dyer 박사와 같은 신사상운동의 리더들이 주창하는 용어다. '의도'란 목표를 의식하는 것을 일상 습관으로 삼는 것을 말한다. 가장 좋은 방법은 당신이 원하는 것과 가고자 하는 목적지를 머리와 가슴으로 끊임없이 생생하게 그리는 것이다. 나는 감정적 요소가 가장 중요한 부분이라고 생각한다. 왜냐하면 이 프로세스는 뇌 속에서 일종의 각인을 만들어내 완벽하게 자연스러운 느낌을 준다. 때문에 목표를 보다 쉽게 이룰 수 있게 된다.

코너에 자리한 사무실에서 일하는 느낌을 상상해보라. 명목만이 아니라 자신의 모습에 진정한 자신감을 가지고 행동하는 것처럼 말이다. 그것은 당신의 직관을 신뢰하고 자신을 믿음으로써만 얻을 수 있는 내적인 깨달음을 준다. 조용한 자신감은 당신이 원하는 방향으로 가는 데 있어 MBA보다 더 강력한 힘을 발휘한다.

사고방식을 전환하라

할 수 없는 일 때문에 할 수 있는 일을 방해받지 말라.
— 존 우든 John Wooden —

환경에 제대로 적응하기 위해선 사고방식부터 과감히 바꿔야한다. 안타깝게도 그러기 위해서는 매우 고통스러운 손실을 감수하는 경우가 종종 있다. 갑작스럽게 실직을 하거나 파트너가 떠난다거나 하는 일들이 그것이다. 그 정도 일이 일어나면 당신은 자신의 삶을 다시 다른 각도에서 생각해보게 된다.

그럼에도 사고 과정을 개편하는 일은 필요하다.

당신의 두뇌 속에 새롭고 긍정적인 통로가 열려 사고방식을 보다 나은 방향으로 변화시키기 때문이다. 그때부터 당신은 생각과 감정을 다른 방식으로 처리하기 시작한다. 만약 사고방식을 때에 맞춰 바꾸지 못하면 새로운 인간관계를 맺거나, 새로운 기회를 맞이하는 일은 거의 불가능해진다.

변화는 당신이 인생을 다른 관점에서 바라보려는 의지가 있어야만 가능하다. 당신의 오래된 사고방식이 당신을 후퇴시킨다는 사실을 이해하는 것부터가 여기 필요한 동기를 부여해줄 수 있다.

자신과 사랑하는 사람들을 위해 더 나은 인생을 살아야겠다는 결심은 이제는 변화할 때가 됐다는 자각으로부터 나온다. 매우 개인적인 일이라고 할 수 있지만 다른 사람과도 연관이 된다. 당신의 의사소통 방식을 바꾸거나 공정한 게임을 하는 법을 배우는 것, 또는 자신의 기질을 다스리는 일일 경우에 특히 그렇다. 거기에는 약간의 지도와 상담이 필요하다.

변화를 모색하는 데에는 친구와 가족의 도움이 결정적 역할을 한다. 따로 시간을 내 관계를 강화함으로써 원하는 도움을 얻도록 하라. 사랑하는 사람들이 당신을 어떻게 생각하는지 분명히 파악하고 싶다면 어려운 질문을 던질 수 있는 용기가 필요하다. 혼자서는 정신적, 감정적 변화를 꾀하기가 훨씬 어렵다는 사실을 깨닫게 될 것이다.

더 이상 옛날식으로 살아서는 안 된다는 것을 깨닫긴 했는데 변화의 방법을 모르겠다면, 후원그룹이 도움이 된다. 곁에 있는 사람들은 새로운 행동방식을 설명하고 모범을 보이는 것을 통해 도움을 줄 수 있고, 당신 역시 객관적인 자신의 모습에 대해 많은 것을 배울 수 있다. 단, 모든 사람들이 그런 도움을 줄 수 있는 것이 아니라는 점을 명심하고 당신을 돕거나 멘토가 되어줄 사람을 조심해서 선택해야한다.

우리는 삶이란 도전의 연속이라는 사실을 안다. 대체로 주변의 변화에 잘 적응하는 편이다. 하지만 우리가 새로운 방식으로 삶을 개척해야 하는 상황에 있다면 그것은 훨씬 더 어려울 것이다. 당신이 함부로 이런 결정을 내린 것이 아니라는 사실을 믿으라. 처음부터 원했던 일이 아니라 하더라도 그 필요성을 깨닫는다면 변화에 쉽게 적응할 수 있을 것이다.

당신에게 필요한 것이 무엇이든, 그것은 당신으로부터 시작된다. 중요한 변화를 시도하는 것은 당신은 물론 당신에게 도움을 주는 사람에게 주는 가장 큰 선물이라는 사실을 명심하라.

성취를 위한 의식

인류는 어떤 개인의 특별한 업적으로 진보한다. 당신은 바로 그 개인이다.
— 찰스 타운 Charles Towne —

검은 모자와 가운을 갖추고 졸업장을 받는 졸업식장. 전국에서 모여든 가족들이 새로운 세상으로 한발을 내딛는 자녀에게 축하 메시지를 보낸다. 고등학교나 대학, 기타 교육과정을 졸업하는 것은 오랜 수고의 결과인 동시에 새로운 삶의 단계를 위한 시작이다. 학위는 크게 자신감을 얻을 수 있는 일 요소 중 하나다.

성취를 기념하는 의식은 언제나 어떤 형태로든 존재해왔다. 영적으로든, 교육적으로든 하나의 세계를 떠나 다른 세계로 발 디딛는 날은 축하하고 기념할만한 날이다.

졸업은 중요한 통과 의례다. 졸업 행진과 학위 수여에 이어 졸업장에

새겨진 모든 말을 천천히 낭독함으로써 당신의 자녀는 자부심을 느낄 수 있다. 그것은 어느 누구에게도 평생토록 기억된다.

당신의 자녀가(혹은 당신이) 대학을 졸업한다면 공식적으로 어른이 된 것이다. 대부분은 직업을 가질 것이고, 일부는 대학원에 진학할 것이며, 새로운 꿈을 찾아 여행을 떠나는 이들도 있을 것이다. 어떤 식으로든 그들은 모두 인생의 새로운 전기를 맞이한 것이다. 그것은 흥분되면서도 동시에 두려운 일이다.

나는 우리가 부모로서 두 가지 할 일이 있다고 생각한다. 하나는 자녀들에게 다른 사람들에게 친절하라고 가르치는 일이다. 또 하나는 그들이 부모 없이도 살아가는 법을 가르쳐주는 것이다. 부모들이 자녀의 졸업식장에서 바라는 사항은 비슷하다. 자녀들이 인생이라고 하는 이 복잡한 과제에 보다 잘 대처하는 법을 배웠기를 기대한다. 그들은 자녀들이 최소한 이 험한 세상에 대해 약간은 긴장을 풀고 스스로 결정하며 그 결과를 얻을 준비를 갖췄기를 원한다.

졸업시즌은 희망에 가득 찬 시기다. 따라서 이 순간을 감사하는 게 중요하다. 나는 당신 자녀의 졸업날을 가족 행사로 삼아 축하할 것을 권한다. 이는 평생토록 기억될만한 공통의 경험을 나누는 것이다. 멋진 추억을 만들 기회가 생길 때마다 그 기회를 잡기 바란다.

마지막으로 전해줄 팁이 있다.

당신이나 가족 중 누군가가 졸업장을 받을 때마다, 그것이 초등학교든 대학원이든, 가능한 멋진 액자에 넣어 벽에 걸어두기 바란다. 그것은 중요한 성취를 떠올리는 상징이면서 또 다른 성취를 향한 영감이 될 것이다.

  내 친구 중 하나는 자녀의 유치원 졸업식에 나를 초대했다. 집안의 모든 사람들은 이 행사에 참석하기 위해 비행기를 타고 오기도 했다. 약간 지나치다고 생각될 수도 있지만, 사랑하는 가족이 함께 모여 목표 성취를 축하하는 것은 가족의 유대를 더욱 강화하는 방법이다. 또한 자신감을 키우는 훌륭한 수단이기도 하다.

감정은 사실이 아니다

> 사람을 대할 때는 그들이 논리로 이루어진 존재가 아니라
> 감정으로 이루어진 존재라는 사실을 명심하라.
> ― 데일 카네기 Dale Carnegie ―

감정은 동기와 자신감의 핵심요소다. 우리가 실망감과 재앙에 직면하면서도 계속해서 삶을 이어가는 이유이기도 하다. 당신은 수많은 감정적인 인물들을 알고 있을 것이며, 당신 역시 그들 중 한 명일지도 모른다. 그러나, 감정적이란 게 나쁜 건 아니다. 더구나 나는 심리치료사로서(그리고 한 인간으로서), 오히려 감정은 좋은 것이라고 생각한다.

우리는 오랜 세월동안 우리의 감정을 받아들이고, 즐기고, 이해하고 신뢰하는 법을 배워왔다. 누군들 듣기 좋은 말을 좋아하지 않을 수 있겠는가? 문제는 우리가 간혹 가시 돋친 말을 듣고 괴로워하며, 그로 인해 자신감을 잃어버린다는 것이다. 감정이 반드시 진실을 있는 그대로 말해

주는 게 아니라는 사실만 이해하면 상처를 치유하는 데 도움이 된다.

사람들은 사실이 아닌 감정에 집착한다. 그들은 그 감정을 사실로 혼동하며, 진짜처럼 느끼기까지 한다. 실상 그것은 단지 감정일 뿐이다. 감정이 중요하다는 것 못지않게 그것이 사실을 반영한 건 아니라는 점을 떠올리는 게 현명하다.

우리는 갖가지 일로 불안한 감정을 느낀다. 그 중에는 지금 벌어지는 일도 있고 과거에 있었던 일도 있으며, 장래 언젠가 벌어질 일도 있다. 그러나 감정은 그저 환상일 뿐이며, 우리에게 쓸데없는 불안과 오해를 안겨주는 거짓말이다. 매일 스치는 감정은(긍정적이든, 부정적이든) 헤아릴 수 없이 많다. 중요한 것은 우리의 상상에서 나온 감정과 입증할 수 있는 진짜 감정을 구분하는 법을 배우는 일이다.

상사나 동료가 당신을 비웃는 표정으로 바라보거나 날카로운 음성으로 이야기한다고 해서 그가 당신에게 화가 난 것은 아니다. 업무를 급히 서둘러야 하거나 기분이 좋지 않았을 수도 있고 단순히 그의 메시지를 오해했을 수도 있다. 단지 현상만 보고 부정적 결과를 상상했기에 두려워했을 가능성이 크다. 이를 두고 당신은 그야말로 인생이 끝장났다는 생각을 며칠간이나 안고 살 수도 있다. 전혀 그럴 필요가 없는 일인데도 말이다.

뭔가 일이 잘못됐다는 생각이 들 때 할 수 있는 최선의 방법은 실제로 사실을 확인해보는 것이다. 가만히 있지 말고 부정적인 생각을 떨쳐버리든지, 잊어버리도록 애써야 한다. 오히려 감정에 깊이 몰입해 어떻게 그런 감정이 생겼는지 생각해보는 것도 방법일 수 있다. 이 땐 문제의 원인이라고 생각되는 사람 혹은 사람들에게 부드럽게(따지는 태도가 아니라) 질문해보라. 진실을 살피고 당신의 감정이 정확하지 않을 수도 있다는 가능성을 점검하는 것이다. 당신이 신뢰하는 외부인이 상황을 어떻게 보고 있는지 객관적으로 듣는 것도 도움이 된다.

실행이 쉽지는 않다. 그러나 인생이 온통 무너져 내리는 것 같은 느낌을 갖고 사는 것보다는 훨씬 덜 괴로운 일이다.

위험을 감수한다

숏을 날리지 않으면 실패율은 항상 100퍼센트다.
— 웨인 그레츠키 | Wayne Gretzky —

기대치를 낮추면 실망할 일이 없다. 하지만 그런 만큼 얻을 것도 없게 된다. 그렇다. 기대보다는 그저 선호하는 수준에 그치거나 자신과 타인에게서 많은 것을 바라지 않는다면 실망할 일도 훨씬 줄어들 것이다. 하지만 그게 다 무슨 의미가 있겠는가?

실망을 적절히 처리하는 것과 그것을 가장하는 것은 다르다. 가장은 남들 앞에서 결코 공연할 실력도 갖추지 못한 채 '아메리칸 아이돌 American Idol'에 출연하는 것과 같다. 그렇게 되면 스스로 실망할 뿐만 아니라 수백만 명이 보는 앞에서 창피를 당하게 된다.

실망에 적절히 대처한다는 건 마음이 전혀 상하지 않는다는 의미와 다르다. 가슴 아픈 일을 겪은 다음에 그것을 다시 곱씹어보는 것은 극히 자연스러운 일이다. 아무렇지도 않다는 듯이 행복한 표정을 지어야한다는 게 아니다. 쥐구멍에라도 숨고 싶은 지경에 말이다. 실망감에 잘 대처한다는 얘긴 당신의 경험으로부터 뭔가를 배워 다음번에는 좀 더 나아지려고 다시 일어선다는 뜻이다. 그것은 또한 상황을 계속 지켜보는 데 도움을 준다. 즉 또 다른 기회가 주어질 것이라는 것을 믿기에 그렇다.

사랑이든, 공연이든, 남들 앞에 나설 때 반드시 잊지 말아야할 것은, 청중들이 의도한 대로 반응하지 않을 수도 있다는 사실이다. 그런 위험을 감수하는 사람들은 소수에 지나지 않는다. 당신이 그런 일을 감행할 때 그래서 멋지다.

용감한 사람은 중상을 입거나 죽을 수도 있다는 생각도 없이 무작정 전쟁터에 뛰어드는 사람이 아니다. 두렵지만 어쨌든 묵묵히 전진하는 이가 바로 용감한 사람이다. 그것이 바로 진정한 용기다. 당신에게는 아마 이런 말을 해줄 좋은 친구나 애인이 필요할지도 모른다. 환경이 당신이 원하는 대로 돌아가지 않을지도 모르지만 당신은 엄청난 일을 이루어냈으며 거기에 대해 자부심을 가져도 좋다고 말이다.

사람들이 가지고 있는 문제는, 그들의 꿈이 한번 만에 이루어지지 않는다고 주저앉아버린다는 점이다. 그것도 나쁘지는 않다. 좋은 경험을 한 것만으로도 나름대로의 가치는 있을 것이다. 위대한 경험은 돈으로 따질 수 없는 가치가 있다. 당신이 꼭 큰 성공은 이루지 못하더라도 말이다. 하고 싶은 어떤 것을 시도만 하더라도 최소한 나중에 후회는 없다. 그러니 안주하지 말라. 그리고 포기하지 말라.

인생을 크게 바라보라

자신의 행동에 대해 지나치게 소심하거나 예민해지지 말라. 인생은 실험의 연속이다. 더 많이 시도할수록 더 나아지는 것이다. 좀 서투르다고, 옷에 흙이 묻거나 좀 찢어졌다고 뭐 어떻단 말인가? 설사 실패를 한들, 한두 번 진흙탕에 굴렀다 한들 그게 뭐 대수란 말인가? 다시 일어서라. 실패를 결코 두려워하지 말라.

— 랠프 월도 에머슨 Ralph Waldo Emerson —

당신은 당신이 경험한 모든 일의 총합이다. 그래서 당신이 산 인생의 마지막 결과는 상상했던 것과는 크게 다를 것이다. 당신의 목표가 위대한 인생이든 평범한 삶이든, 살다보면 당신의 의지와 상관없이 인생행로는 크게 달라지게 마련이다.

자신감 있는 사람들은 원하는 바를 창조해가는 과정에서 어쩔 수 없이 우여곡절을 겪게 된다는 사실을 잘 알고 있다. 그들은 큰 흐름에 순응하며 어떤 하나의 일로 일희일비하지 않는다. 그것은 확실히 한 차원 높은 관점이며, 실용적이면서도 효과가 있는 태도다. 그런 자세를 배우기만 하면(그리고 꾸준히 연습하면) 당신의 사고방식을 바꿀 수 있을 것이다.

이혼이나 해고를 당했다고, 혹은 누군가에게 뒤통수를 맞았다고 자신을 실패자로 여길지 모르겠다. 하지만 그것은 단지 하나의 사건일 뿐이다. 징역형을 선고받는 것처럼 생각해서는 안 된다. 어떤 사람이나 회사가 당신을 원하지 않는다고 다른 이들도 그렇다는 법은 없다. 이것은 말할 필요도 없이 상식에 속하는 사실이다. 하지만 우리는 이 작은 시련에도 깊은 상실감에 빠진다. 이는 마치 잔디 깎는 기계에 낀 녹처럼 당신의 자존감을 갉아먹는다.

당신을 주저하게 만드는 생각이 들 때마다 자신에게 영감을 주는 무언가를 생각하라. 당신의 인생과 그것을 바라보는 당신의 관점을 바꿔줄 것이다.

당신의 생각이 위험하게 방황할 때 사용할 수 있는 또 다른 방법은 당신이 가장 잘 하는 일에 집중하는 것이다. 그 즉시 당신의 두뇌에 (세로토닌 등의) 화학물질이 분비돼 활기찬 기분과 함께 자신감 있는 사고방식을 갖출 수 있을 것이다.

한두 번 실패했다고 해서 결코 재기할 수 없다는 의미는 아니다. 아무리 늦더라도 결국은 해낼 수 있다. 자신감은 우리에게 앞으로 나아갈 수 있는 힘을 준다.

동물을 사랑해보라

개는 천국에 갈 수 없다고 생각하는가?
단언컨대, 그 어떤 사람보다 개가 먼저 천국에 갈 것이다.
— 로버트 루이스 스티븐슨 Robert Louis Stevenson —

몇 년 전에 나는 상담치료 파트너 한 명을 모집해본 적 있다. 개를 한 마리 구해서 진료견으로 훈련시키기 위해서였다.

내가 존경하는 극소수의 심리치료사들은 개를 활용한 치료로 학계의 지평을 넓히려고 한다. 그 생각은 나름대로 장점이 있다. 감정적 고통을 겪는 어떤 사람들은 마음을 터놓고 자신의 괴로움을 배출하지 못한다. 그런 사람들에게 마냥 귀엽기만 한 털북숭이가 곁에 있어준다면 큰 도움이 될 수 있다.

요양원과 병원으로 점잖고 다정한 동물들을 보내주는 봉사기관도 일부 존재한다. 이런 사랑스런 존재들은 감정적으로 상처받은 사람들을 치유한다.

나는 사실 동물들을 집에 들이는 것에 대해 처음엔 약간 주저했었다. 몇 가지 불편함 때문이다(카펫을 갈아야하는 문제나, 슬리퍼 짝이 매번 틀리는 것 등). 한참동안 장단점을 따진 후 결국 장점이 이겼다. 개는 내 의뢰인들을 확실히 도울 수 있었다. 개인적으론 사람이 없어도 함께 산책할 수 있다는 점도 마음에 들었다.

이 조그만 털북숭이는 내 인생과, 녀석이 만나는 모든 생명에게 새로운 차원의 사랑을 선사했다. 언제나 이 녀석과 함께 하진 않는다. 어떤 사람에게는 부적절한 일이기 때문이다(알레르기가 있거나 개를 무서워하는 사람도 있다). 그러나 나는 이 녀석이 없다는 생각만 해도 마음이 힘들어질 지경이 됐다. 내 15살짜리 고양이조차 이 작은 '요크셔 테러리스트(!)'를 받아들였다.

내가 머시(이 녀석 이름이다)에게 네가 곧 멋진 일을 시작할 거라고 말해 줬더니 매우 좋아했다. 머시는 친한 사람들과 함께 있을 때면 마치 한 번도 떨어져본 적이 없는 것처럼 군다. 이 녀석은 그들의 무릎 위나 발등 위에 앉아, 있는 힘껏 편안한 분위기를 조성한다.

나는 최근에 산책을 하다가 어떤 할머니가 조그만 요크셔테리어 한 마리를 데리고 걸어가는 모습을 봤다. 우리 머시와 그 개가 서로 킁킁거리기 시작하자 그녀는 내게 특별한 사연을 건네줬다. 몇 년 전에 남편이 세상을 뜬 후, 자녀들이 꽃다발을 보내주는 대신 함께 돈을 모아 그녀에게 강아지 한 마리와 휴대폰을 사줬다는 얘기였다. 처음에는 강아지를 어떻게 키울까 걱정했지만, 돌보다보니 남편을 잃은 아픔도 치유되고 둘도 없는 친구가 됐다는 설명. 그녀는 그 개가 자신의 삶을 구해줬으며, 불확실한 미래에도 꿋꿋이 살아갈 수 있는 자신감을 얻게 했다고 말했다.

우리는 동물들과 놀라운 유대감을 나눌 수 있다. 어떤 사람들에게는 그 교감이 사람들과의 우정까지 대체하기도 한다. 집안을 가득 채운 고양이들과 함께 사는 조그만 노파나 충직한 성격의 개와 살아가는 총각을 생각해보라.

몇 년 전 애완동물을 잃은 충격으로 한 노인부부가 자살을 선택했다는 뉴스가 있었다. 비극적인 선택이 아닐 수 없다. 차라리 다른 동물을 한 마리 구했더라면 그 동물이 자신들을 다시 구해주었을텐데 하는 생각이 들었다.

극단적인 경우만 제외하면 동물을 돌본다는 것은 여러모로 더욱 인간적인 삶을 살 수 있는 방법이다.

남녀 간의 차이를 이해하라

헌법은 오직 미국 국민이 행복을 추구할 권리를 보장할 뿐이다.
그것을 붙잡는 것은 당신의 몫이다.
— 벤저민 프랭클린 Benjamin Franklin —

〈행복연구학회지 The Journal of Happiness Studies〉에 게재된 최근 연구에 따르면 가장 행복했던(따라서 가장 자신감에 찬) 시기에 있어서 남녀 간에 차이를 보인다는 것이 밝혀졌다. 남성은 젊을수록(20대와 30대) 덜 행복한 반면, 여성은 그 시기에 가장 행복하다는 것이었다. 이런 추세는 48세를 기점으로 역전된다. 남성은 나이가 들면서 더 행복해지고, 여성은 반대가 된다. 남자와 여자가 한 순간이라도 같은 마음을 품을 수 있을지 의문이 들게 하는 연구결과라 하지 않을 수 없다.

행복은 마음의 문제다. 우리 모두는 자신의 행복에 책임을 져야한다고 믿지만, 시간이 흐르면서 그 신념이 점점 흔들리는 게 사실이다.

50세가 넘은 많은 남성들은 물질적인 목표(삶의 안전을 확보하고 몇 가지 장난감을 가지는 것)를 이루는 것을 행복과 동일시하는 반면, 같은 연령의 여성들은 그들이 누군가와 어머니라는 점에 대해 가장 행복을 느낀다고 말할 수 있다. 어머니라는 삶의 목적을 충족했음을 자신하면서 말이다. 어떤 여성들은 나이가 들어가면서 점점 덜 행복해지는 이유는 함께 하는 남성들 때문이라고 주장할지 모른다. ABC뉴스에 나와 인터뷰한 어떤 남자는 그것이 호르몬 때문일 것이라는 과장된 주장을 했다. 어느 정도는 사실이지만(그리고 그런 시스템이 작동하지 않으면 기쁨을 느끼기도 힘들 수 있다), 남녀 어느 쪽이든 나이나 생물학의 희생양만은 아니다.

모든 사람이 같은 수준의 행복을 느끼지는 않는다. 어떤 사람들은 천성적으로 쉽게 행복감을 느낀다. 그것은 남다른 정신적 능력이나 신체적 자질에 비유해볼 수 있다. 그렇지만, 누구나 행복이라는 영역에 발 딛을 힘은 분명히 가지고 있다. 그 힘을 발휘하기로 마음만 먹는다면 말이다.

당신이 불행하다고 느낀다면, 기쁨을 느낄 수 있는 일이 무엇인지를 찾고, 그것을 추구하라. 잠깐의 감정에 사로잡혀 이혼하거나, 바람을 피우거나, 회사를 그만두지 말고, 당신이 지금 가지고 있는 자원을 따져보고 진지하게 활용하라.

그와 동시에 삶 자체가 어때야하는가 혹은 당신이 어떤 다른 일을 할 수 있을까(혹은 시작할 수 있을까)를 생각하라. 일보다는 가정이 더 만족을 준다면 사랑하는 사람들과 좀 더 함께 할 수 있는 방법을 모색해보자. '죽을 때까지 가장 많은 물질을 가진 사람이 인생의 승리자'라고 믿는다면 그것도 나쁘지 않다. 누군가를 희생물로 삼거나, 피해를 주지 않는다면 말이다.

하버드대에서 가장 인기 있었던 긍정심리학 강좌를 담당했고 〈해피어 Happier〉의 저자이기도 한 탈 벤샤하르 Tal Ben-Sharar 박사는 우리가 가진 것과 다른 사람을 돕는 것, 의미 있는 관계를 맺는 것 등이 행복의 열쇠라고 믿는다. 그는 또한 행복이란 목표를 향해 전진하는 것과 하루 하루를 의미 있고 기쁘게 사는 데서 오는 것이라고 우리에게 설파한다.

나이나 성, 환경에 상관없이 행복을 누리는 건 가능하지만 여기엔 노력이 필요하다.

자신감을 지키는 10가지 응급처방

자신감은 내가 가장 좋아하는 항우울제다.
— 바톤 골드스미스 Barton Goldsmith —

자신감의 씨앗은 우리 모두의 내면에 이미 존재한다. 하지만 세상이 우리를 실망시킬 때 쉽게 충격을 받는다. 원치 않는 상황에 자신감을 잃어버렸을 때 다음의 10가지 응급처치를 활용해보길 권한다.

1. 자신감이란 의외로 쉽게 얻을 수 있다. 자신감이 충분치 못할 때 인생은 괴롭다. 이 때 당신에게 필요한 것은 간절함과 끈기다. 사람은 생각하고, 성찰하고, 꿈꿀 때 성장한다. 아이디어와 심사숙고, 심지어 잡념조차도 당신의 자신감에 기여할 수 있다. 그러나 자원을 충분히 활용하기 위해서는 먼저 그 사실을 인정해야한다.

2. 다른 사람을 위해 뭔가를 하라. 다른 사람을 도우면 자신이 좋은 사람이라고 느낀다. 나보다 못한 처지에 있는 사람들에게 베풀며 얻는 느낌은 자신도 모르게 자신감으로 이어진다.

3. 당신이 명예롭고 진실한 사람이라는 사실을 알면 뚜렷한 목적과 긍정적인 방향을 향해 살아갈 수 있다. 투철한 도덕의식을 가진 사람들은 대개 자신감이 넘친다.

4. 마치 성공한 것처럼 행동하라. 인생이 이미 내가 생각한 대로 되고 있다는 듯이 행동하는 것은 자신감을 구축하기 위한 훌륭한 심리비법이다. 그렇게 하면 당신의 몸이 물리적, 감정적으로 성공의 에너지를 느낀다. 그 느낌은 다른 사람들에게도 전파된다.

5. 멘토를 찾아라. 자라면서 자신감을 키우는 법을 배우지 못했다 해도 아직 늦지는 않다. 당신이 좋아하는 분야에서 존경할 만한 사람을 찾아 멘토가 돼달라고 부탁하라. 대부분의 사람들은 그 요청을 받기 좋아하며 당신을 돕는 일에 발 벗고 나설 것이다.

6. 자신을 잘 돌보라. 건강을 지키고, 꾸준히 운동해 신체 활력을 높여라. 또, 스스로의 성취에 적절히 보상하라. 건강하면 어떤 일이든 성취할 수 있다. 반대로 그렇지 못하면 생존을 유지하는 것조차 힘겨워진다. 튼튼하고 날씬한 몸은 자신감과 육체적 행복을 위해 아

주 중요하다. 운동은 가장 쉽고, 언제나 이용할 수 있다. 또한 가장 저렴한 항우울제다. 그러니 자리에 앉아있지만 말고, 운동이 신체와 정신 건강에 얼마나 좋은지 공부해보라. 당장 일어나 실행에 옮겨라.

7. 어떤 장소를 일단 한 번 방문해 보면 다시 그곳을 찾기는 쉽다. 인생에서 일어나는 대부분의 일은 마치 자전거 타기와 같다. 아무리 오래 전에 해본 일이라도 몇 번 다시 해보면 예전 실력이 금세 돌아오는 법이다. 아는 것이 힘이라는 사실을 기억하라. 교육을 받고, 배운 것을 진정으로 익힌다면 그 누구도 당신을 무너뜨릴 수 없다. 살면서 배우고 익힌 일이 당신 안에 견고히 뿌리내리고 있기 때문이다.

8. 자신감 일기를 써라. 일기쓰기의 아름다움은 그 단순함에 있다. 자신감을 높여준 일 다섯 가지만 골라 매일 기록해보라. 이것을 매일 실천하면 당신의 사고방식과 감정에 변화가 일어난다. 일기 쓰기는 잠들기 직전에 하는 것이 좋다. 자는 동안 그 자신감이 당신의 무의식에 스며들 것이기 때문이다. 다음날 자신감을 가지고 눈을 뜰 수 있을 뿐 아니라 보다 행복해질 수 있다.

9. 후원 그룹을 구축하라. 후원 그룹은 현대의 심리치료가 나타나기 훨씬 전부터 존재해왔다. 주술치료사들은 함께 모여 최신 방법을 공유했고, 고대 부족의 여인들은 서로 아이들을 보살폈으며, 누구나

족장을 찾아가 조언을 구할 수 있었다. 당신에게 감정적 도움을 베풀 친구나 가족, 동료가 없다면 공개된 후원 그룹에 가입하거나 직접 그룹을 만들어라.

10. 생각의 흐름을 지켜보라. 우리가 하루 동안 떠올리는 무수한 생각 중에 80퍼센트가 부정적인 내용이라는 연구 결과가 있다. 어떤 과학 이론은 그것이 우리 DNA에 각인된 본능이라고 설명한다. 고대인들은 함정이 있는 위치를 기억해서 거기에 빠지지 않도록 항상 조심해야 했다. 그러나 이제 시대가 바뀌었다. 우리의 사고방식도 진화했다. 매사에 긍정적으로 생각하라.

위 사항을 실천하는 데 있어 시작이 가장 어려운 일일 것이다. 그렇지만 상황을 바꿀 때가 됐다. 노력을 기울이다보면 변화는 생각보다 훨씬 빨리 온다. 필자가 언급한 비결이 경험으로 볼 때 효과가 있는 것은 사실이지만, 모두를 한꺼번에 시도하지는 말라. 가장 공감이 되는 조언부터 며칠 정도 시간을 내 시도해보고 점점 다른 것들로 확장하라. 그렇게 하면서 당신은 점점 자신감을 얻고, 얼마 안가 인생이 훨씬 만족스러워지는 것을 느끼게 될 것이다.

자존감을 회복하고 꾸준히 유지하는 법을 배우라. 그것이 바로 성취감으로 가득 찬 삶의 핵심이다. 우리가 잘하고 있는 건지 의문이 드는 일은 계속 일어날 것이다. 그럴 때마다 이 방법들은 당신이 가진 힘을 다시금 확인시켜줄 것이다.

성공한 사람만의 남모를 고통

성공한 사람들만이 겪는 증후군. 다름 아닌 '사기꾼 증후군 Impostor Syndrome'이란 것이 있다. 사기꾼 증후군은 자신이 누리는 지위가 가면 같은 것으로 그것이 벗겨지면 무능한 진짜 자신이 드러날 것이란 불안감을 의미한다. 자신이 가면 쓴 사기꾼 같다는 스스로 만들어낸 죄책감의 일종이다.

조지아주립대의 연구원들 Pauline Rose Clance & Suzanne Imes이 사회적으로 성공한 성인 150명을 대상으로 한 심층 인터뷰 연구에서 자그마치 33%가 자신이 성공을 누릴 자격이 없다고 대답한 것으로 나타났다. 이들은 자신의 능력을 주위에서 과대포장해 평가하고 있기에 언젠가 진짜 실력이 들통 날 수 있다는 불안감을 가지고 있었다.

이런 불안증을 해소하기 위한 방법은 없을까. 리더십 연구가인 베키 블라록 Becky Blalock은 월스트리트저널을 통해 사기꾼 증후군을 극복하고 최고의 자신감을 불러올 10가지 방법을 제시했다. 리더들을 대상으로 한 말이지만 누구나 충분히 참고할 만하다.

1. 자신이 없을 때 행동에 나서라.
2. 매일 자신의 심리적 안전지대 밖에서 무언가를 시도하라.
3. 타인에게 집중하라.
4. 멘토를 만들어라.
5. 긍정적인 혼잣말을 하라.
6. 비관론자들을 인적 네트워크에서 제외시켜라.
7. 건강을 챙겨라.
8. 숙제를 거르지 마라.
9. 보디랭귀지에 세심한 주의를 기울여라.
10. 매일 감사하는 연습을 하라.

저자소개

바톤 골드스미스
Barton Goldsmith

여러 전문가 협회로부터 상을 수상한 바 있는 바톤 골드스미스 박사는 3회 수상 경력의 심리치료사이며, 신디케이트 칼럼니스트 및 라디오쇼 진행자이자, 저명한 기조 연설가다. CNN과 굿모닝아메리카, 폭스앤프렌즈, CBS뉴스, NBC뉴스, 뷰티앤더긱, 그리고 그렉 버렌트쇼 등에 출연했다.

그는 〈코스모폴리탄 매거진 Cosmopolitan Magazine〉과 책 〈완벽한 결혼 상담가 The Complete Marriage Counselor〉에서 미국 최고의 심리치료사 중 한 명으로 소개됐다. 더구나 그의 책 〈남자는 왜 화를 잘 내고, 여자는 왜 따지기를 좋아할까? Emotional Fitness for Couples: 10 Minutes a Day to a Better Relationship, 2006년 발렌타인데이 출간〉과 속편 〈친밀한 관계를 위한 감정 운동: 매일 10분간의 사랑 강화법 Emotional Fitness for Intimacy: Sweeten and Deepen Your Love in Just 10 Minutes a Day, 2009년 4월 출간〉은 2009년 아카데미상과 에미상의 프로모션용 상품(일명

'Swag Bags')에 속한 바 있다. 감정 운동 시리즈 3탄이자 최신작인 〈직장에서의 감정 운동: 감정의 위력을 통한 성공의 6단계 전략Emotional Fitness at Work: 6 Strategic Steps to Success Using the Power of Emotion〉은 2009년 9월에 출간됐다. 이후 내놓은 게 바로 이 책이다.

그는 전 세계의 청중들과 친근하고 재미있는 방식으로 교감한다. 고리타분한 정신과의사와는 거리가 먼 닥터G(그의 애칭)는 청중에게 영감과 재미를 함께 선사하는 독특한 능력을 자랑한다.

2002년 이후, 스크립스-하워드 뉴스서비스 Scripps-Howard News Service를 통해 선보인 주간 칼럼 '감정 운동'은 〈시카고 선-타임즈 Chicago Sun-Times〉, 〈오렌지카운티레지스터 The Orange County Register〉, 〈디트로이트뉴스 The Detroit News〉, 〈애틀랜타저널-컨스티투션 The Atlanta Journal-Constitution〉 등을 포함한 200개 이상의 신문에 게재돼 수많은 독자층을 확보했다. 이를 기반으로 닥터G는 캘리포니아주의 로스앤젤레스, 벤투라, 산타바바라 지역에 방송되는 KCLU/NPR 방송에서 주간 라디오 쇼를 진행하고 있다. 이미 수많은 TV 및 라디오 쇼와 다수의 출간매체와 인터뷰했다. 그의 전문가적 조언은 〈코스모폴리탄 Cosmopolitan〉에 정기적으로 실리고 있다. 〈사이콜로지투데이 Psychology Today〉에 주간 블로그 글도 연재하고 있다.

그는 집필활동을 통해 캘리포니아 결혼 및 가정 심리치료협회 California Association of Marriage and Family Therapists가 수여하는 클라크 빈센트 문학상 Clark Vincent Award for Writing을 수상했다. 약물 중

독 분야에서 발휘한 탁월한 교육가로서의 공로를 인정받아, 캘리포니아 알코올 및 약물 상담협회 California Association of Alcoholism and Drug Counselors로부터 조셉 A. 지아난토니오 2세상 수상자로도 선정된 바 있다.

골드스미스 박사는 원래 농구선수가 되려고 했지만 자신의 키가 167센티미터에서 멈추는 바람에 심리학 분야로 진로를 바꿨다.

유아이북스의 책 소개

성장의 챔피언

- 저자 : The Growth Agenda
- 자기계발 / 경영·경제
- 신국판 • 368쪽
- 정가 17,000원

삼성전자, 애플, 구글, 아마존 등 글로벌 기업 20곳의 성공비결을 다양한 자료와 인터뷰로 꾸몄다.

마피아의 실전 경영학

- 저자 : 루이스 페란테
- 자기계발
- 신국판 • 376쪽
- 정가 14,500원

〈비즈니스위크〉가 말하는 암흑가의 경영 구루가 쓴 현대판 군주론이다.

행운을 잡는 8가지 기술

- 저자 : 소어 뮬러
          레인 베커
- 자기계발 / 경영·경제
- 신국판 • 352쪽
- 정가 15,000원

우리가 어떻게 해야 운 좋은 사람이 될 수 있는지를 과학적으로 논했다.
뉴욕타임스 베스트셀러

병법에서 비즈니스 전략을 읽다

- 저자 : 후쿠다 고이치
- 자기계발 / 리더십
- 신국판 • 336쪽
- 정가 15,000원

더 이상의 병법서는 없다. 현존하는 주요 병법서를 종합한 현대판 손자병법이다.

리퀴드 리더십

- 저자 : 브래드 스졸로제
- 자기계발 / 리더십
- 신국판 • 376쪽
- 정가 15,500원

버르장머리 없는 Y세대와 잔소리꾼 베이비부머가 함께 어울리는 법이 담겼다.
아마존 베스트셀러

마음을 흔드는 한 문장

- 저자 : 라이오넬 살렘
- 경제 / 경영
- 신국판 • 448쪽
- 정가 20,000원

2200개 이상의 광고 카피를 분석해 글로벌 기업의 최신 슬로건을 정리했다.

세종처럼 읽고 다산처럼 써라

- 저자 : 다이애나 홍
- 인문 / 에세이
- 신국판 · 248쪽
- 정가 14,000원

책 읽기와 글 쓰기는 최고의 자기계발법이다. 세종과 다산, 두 위인의 발자취를 에세이 형식으로 풀어냈다. 저자인 다이애나 홍은 한국독서경영연구원을 이끌며 대한민국 1호 독서 디자이너로 활약 중이다.

깐깐한 기자와 대화하는 법

- 저자 : 제프 앤셀 제프리 리슨
- 자기계발 / 언론
- 신국판 · 272쪽
- 정가 14,000원

기자 출신으로 세계적인 커뮤니케이션 컨설턴트가 말하는 실전 대언론전략서다. 기업 임원, 홍보 담당자, 정계 인사라면 꼭 읽어야 할 책이다.

량원건과 싼이그룹 이야기

- 저자 : 허전린
- 경제 / 경영
- 신국판 · 320쪽
- 정가 14,500원

〈포브스〉〈후룬바이푸〉가 선정한 중국 최고의 중공업기업 '싼이그룹'과 그 창립자 '량원건 회장'에 관한 이야기다.

벤츠 · 베토벤 · 분데스리가

- 저자 : 최연혜
- 인문 / 에세이
- 신국판 · 328쪽
- 정가 14,000원

코레일 CEO 최연혜 씨가 들려주는 독일 이야기. 독일의 교육 · 문화 · 사회 · 정치 · 통일 등 독일의 모든 것을 담았다.

세상에 쓸모없는 사람은 없다

- 저자 : 웨이완레이, 양셴쥐
- 경제 / 경영
- 신국판 · 368쪽
- 정가 15,000원

전 세계에서 《성경》과 《공산당선언》 다음으로 많이 보급된 《노자》. 이 《노자》에 담긴 경영 사상을 도(道), 덕(德), 유(柔), 무(無), 반(反), 수(水)로 종합해 설명했다.

서로를 사랑하지 못하는 엄마와 딸

- 저자 : 호로이와 히데아키
- 인문 / 에세이
- 국판 · 236쪽
- 정가 13,000원

서로를 사랑하지 못하는 모녀들의 이야기. 실제 상담 사례를 각색해 그들이 상처를 치유해 가는 과정을 보여준다.